SEM BÚSSOLAS

INSPIRAÇÕES DE UM EMPRESÁRIO

PARA ENFRENTAR

LUIGI ROTUNNO

SEM BÚSSOLAS

INSPIRAÇÕES DE UM EMPRESÁRIO

PARA ENFRENTAR A PÓS-MODERNIDADE

©2018 Editora Manole Ltda. por meio de contrato de coedição com Kijeme Travel Hotéis Ltda.

Minha Editora é um selo editorial Manole Conteúdo.

EDITORA GESTORA: Sônia Midori Fujiyoshi
EDITORA: Cristiana Gonzaga S. Corrêa
COORDENAÇÃO E PRODUÇÃO EDITORIAL: Visão Editorial
PROJETO GRÁFICO E DIAGRAMAÇÃO: Visão Editorial
CRIAÇÃO DA CAPA: Gabinete de Artes
FOTO DA CAPA: YaaYoo Fusion Thinking

Dados Internacionais de Catalogação na Publicação (CIP)
(Câmara Brasileira do Livro, SP, Brasil)

Rotunno, Luigi
 Sem bússolas : inspirações de um empresário para enfrentar a pós-modernidade / Luigi Rotunno. -- 1. ed. -- Barueri, SP : Manole, 2018.

 Bibliografia
 ISBN 978-85-204-5652-1

 1. Administração 2. Desenvolvimento pessoal 3. Desenvolvimento profissional 4. Empreendedores 5. Empreendedorismo 6. Histórias de vida 7. Rotunno, Luigi 8. Sucesso profissional I. Rotunno, Luigi. II. Título.

18-13164   CDD-658.421

Índices para catálogo sistemático:
1. Empreendedorismo : Desenvolvimento pessoal e profissional : Administração 658.421

Todos os direitos reservados. Nenhuma parte deste livro poderá ser reproduzida, por qualquer processo, sem a permissão expressa dos editores.
É proibida a reprodução por xerox.
A Editora Manole é filiada à ABDR – Associação Brasileira de Direitos Reprográficos.

1ª edição – 2018

EDITORA MANOLE LTDA.
Avenida Ceci, 672 – Tamboré
06460-120 – Barueri – SP – Brasil
Tel.: (11) 4196-6000
www.manole.com.br | info@manole.com.br
Impresso no Brasil | *Printed in Brazil*

São de responsabilidade do autor as informações contidas nesta obra.

Para
Angela e Domenico

PREFÁCIO

UM SOPRO DECISIVO NO MEIO DE UMA CORRENTE DE INCERTEZA

Rodrigo de Almeida[*]

---

[*] Jornalista e cientista político, ocupou, dentre outros, os cargos de diretor de Jornalismo do iG, editor da revista *Insight Inteligência*, diretor executivo e curador da Casa do Saber Rio, assessor de comunicação do ex-ministro da Fazenda Joaquim Levy (2015) e secretário de imprensa da ex-presidente Dilma Rousseff (2015-2016).

Este é um livro sobre um homem e, sobretudo, suas ideias. Uma divisão que está longe de diminuir o propósito de cada parte – a história do autor e o que seu pensamento e sua prática empresarial têm a contribuir para leitores e leitoras. Muito antes disso, é uma combinação que acrescenta, complementa, soma, integra, abarca e amplia todo o universo do que se pretende como biografia e livro inspiracional. Porque assim é o empresário Luigi Rotunno, autor e personagem principal desta obra: sua história é uma inspiração; suas ideias, um liquidificador de inquietações e inovações. Tudo posto, neste livro, a serviço de quem o lê.

Para aqueles que vivem profissionalmente do turismo, o nome e o rosto de Luigi Rotunno são bastante conhecidos. CEO do La Torre Resort, o bem-sucedido empreendimento hoteleiro construído e consolidado à beira da praia do Mutá, em Porto Seguro, o empresário atravessou o Atlântico para conquistar o litoral da Bahia. No lugar da exploração predatória e do sentimento de colonizador, ele levou para seus negócios a cultura da união, da paixão, da solidariedade, da convivência e da hospitalidade. "Acredito na hospitalidade como a arte de criar espaços de compartilhamento de experiências", afirma. "Experiências onde podemos fazer amizades de forma sincera."

Aparentemente Luigi Rotunno percorre o roteiro tradicional do *self-made man* que, unindo ousadia, criatividade, competência, liderança, paixão e um tanto de sorte, venceu as adversidades, descobriu novos mundos, empreendeu e alcançou o sucesso. Enfrentou sérios dissabores pessoais e profissionais, quase morreu, corajosamente encarou mudanças radicais de vida e de profissão e venceu a natural desconfiança dos brasileiros que veem chegar um estrangeiro. (Sim, nossa fama de hospitaleiros não remove o nosso pé atrás diante do novo. Deve bater a dúvida: vemos um conquistador explorador ou um novo líder para nos levar a um porto seguro?)

Aparentemente, está-se diante de um roteiro clássico. Só aparentemente. Sendo o que – com alguma dose de heresia – se pode chamar de um "brasileiro nascido na Europa", Luigi combina, de maneira inconsciente ou não, características comuns a um europeu e a um brasileiro – dois tipos singularmente distintos se pensarmos em estereótipos e lugares comuns. Não à toa, nos conta no livro seu desconforto com a rigidez europeia, tanto na burocracia e nas leis quanto nas relações. Ele assim moldou sua identidade, explorou seu cosmopolitismo em nome da busca constante por conhecimento, conjugou como poucos uma experiência que combina o local com o global, mas escapou de ser o objeto fácil dos nossos sonhos de consumo que costumam fazer a festa no mercado de livros.

Isso mesmo, Luigi Rotunno jamais integraria a galeria de acumuladores de capital que espalham as próprias chamas da acumulação de dinheiro. Tampouco faria parte de qualquer grupo de vendedores de ilusões. Sendo um exemplo de sucesso, não oferece cardápios prontos para conquistá-lo. Financeiramente bem-sucedido, não prega o fetiche do dinheiro e do luxo. Sonhador que trabalha exaustivamente por seus projetos, não sai por aí repetindo palavras ao vento em nome de máximas fáceis, feito guias de como seguir seus sonhos. Reconhecido e hábil empreendedor, não adere às fórmulas habituais dessa teologia contemporânea – objeto de adoradores cegos e acríticos – chamada empreendedorismo. Liderança inspiradora, dedica-se como poucos a enxergar potenciais líderes ao seu redor.

Ao mesmo tempo, ele sabe o peso devido e o fascínio que palavras-chave do mundo da pós-modernidade exercem sobre corações e mentes de todas as idades. Sucesso, fracasso, liderança, empreendedorismo, sustentabilidade, compartilhamento, trabalho, dinheiro, status, tudo isso fascina e apavora, em uma força simultaneamente centrífuga e centrípeta que repele e atrai – uns mais, outros menos, mas ninguém fica imune a tais elementos de nossas vidas pessoais e profissionais.

Como se verá nas páginas a seguir, Luigi Rotunno tem ideias claras sobre esses temas. Ilumina cada elemento dramático, trágico e sempre maravilhosamente desafiador que move a luta diária em busca de nossos sonhos, realizações, projetos ou mera satisfação. E o faz com especial sabedoria e delicadeza, reconhecendo o momento certo de difundir certezas ou explorar dúvidas para inspirar a própria reflexão na leitura. Usa teoria e prática para, em ideias inovadoras, explorar conceitos aparentemente tão díspares, mas que se revelam tão próximos, como sucesso e desapego, liderança e amor, aceleração da vida e qualidade de vida. Essa combinação é fruto de sua busca permanente por um modelo próprio – ou, como ele costuma dizer, capaz de fazê-lo destacar-se no ambiente empresarial e abrir os olhos de quem o lê (ou o assiste em suas palestras), a fim de pensar em qual mundo estamos vivendo e para onde estamos indo.

Um mundo pós-moderno exige ideias e práticas pós-modernas, razão pela qual Luigi Rotunno persegue, procura entender e, sobretudo, ajuda a difundir a transformação permanente: de uma sociedade vertical a uma sociedade horizontal, do líder chefe ao líder inspirador, do desejo da qualidade de vida pelo da vida qualificada, do luxo vazio para o luxo sensível – e por aí adiante. Mudanças que o psicanalista Jorge Forbes chamou de TerraDois, um termo mais intuitivo e sensível do que aquilo que academicamente se convencionou chamar de pós-modernidade. Um novo mundo – o mundo em que vivemos – no qual, como eles dizem, tudo mudou: o modo de educar, estudar, amar, casar e trabalhar.

Consultor e amigo de Luigi Rotunno, Jorge Forbes é uma presença forte neste livro. As ideias que o empresário vinha trazendo da Europa se casaram com precisão ao pensamento do psicanalista. O encontro de ambos, inevitável, ajudou a amplificar as transformações que Luigi promoveu em Porto Seguro.

Luigi Rotunno, pessoalmente e nas páginas deste livro, mostra-se uma lufada de energia para quem acredita - ou deseja acreditar - no poder transformador de uma sociedade. Vivemos em uma época em que a política brasileira desceu ao fundo do poço, com desgaste profundo de imagem que a torna, aos olhos do (e)leitor comum, sinônimo de falcatruas, malandragens, inércia e ineficiência. Mesmo assim, a saída está no ato político, na visão de país e de sociedade e na busca de uma vida coletiva saudável (essência da política). Isso a torna algo muito maior do que partidos.

Tome-se sua visão como exemplo: a consciência do papel que um empresário tem sobre a comunidade que o cerca e cerca sua empresa; a defesa da solidariedade, da doação e do compartilhamento; a análise racional sobre a enorme distância que separa o ritmo dos negócios de um empreendedor/investidor e o ritmo das políticas públicas promovidas por uma prefeitura, um governo estadual ou o governo federal; sua forte presença no associativismo e como liderança de classe; sua inserção em debates relevantes, em temas como a fome no Brasil, a ética e o futuro da política; sua intensa mobilização de pessoas e grupos, dentro e fora de Porto Seguro, em favor do aprendizado, da troca de ideias, do compartilhamento de experiências.

Percorrendo todas essas frentes está o ser humano, o cidadão, o indivíduo. A preocupação com a gente acima de tudo, a partir de quem tudo começa, tudo muda e tudo termina. Conforme o autor nos mostrará, convém não se sentir mal quando cada um de nós se sente inquieto ou mesmo apavorado diante das incertezas do presente e do futuro. Que suas palavras possam ampliar a inquietude, ajudando a transformá-la em ação. Pavor, medo, dúvida, não seríamos humanos se não sentíssemos. Vale lembrar o que disse a escritora Clarice Lispector: "Eu não me lembrara de dizer que, sem o medo, havia o mundo".

Passemos, pois. O mundo pode estar sem bússolas para trafegarmos nele em mares mais calmos em busca de destinos mais certos, mas há muitas pistas que nos tornam capazes de enfrentá-lo, mesmo em zonas profundas de incerteza. É a gigantesca contribuição que Luigi Rotunno – sua história e suas ideias, repita-se – generosamente nos oferece a seguir.

SUMÁRIO

APRESENTAÇÃO 16

PARTE 1 | O INDIVÍDUO

CAPÍTULO 1. Estamos em pleno mar, sem bússolas 22

CAPÍTULO 2. Sonhos em tempos de guerra 34

CAPÍTULO 3. Aprendendo a lidar com as adversidades 46

CAPÍTULO 4. Por que mudar? (mesmo apavorados com a mudança) 58

CAPÍTULO 5. A vida é tempo e estilo 70

CAPÍTULO 6. A crise somos nós 80

PARTE 2 | A COMUNIDADE

CAPÍTULO 7. A comunidade é o refúgio contra a turbulência 92

CAPÍTULO 8. O empreendedorismo social e o mito do lucro 106

CAPÍTULO 9. Dilemas empresariais: rivalidade, competição, insensibilidade, arrogância **120**

CAPÍTULO 10. Vícios públicos, benefícios privados. Ou vícios privados, benefícios públicos **132**

CAPÍTULO 11. Doar, dividir, compartilhar **142**

PARTE 3 | O TRABALHO

CAPÍTULO 12. O trabalho pode ser fonte de felicidade **156**

CAPÍTULO 13. Gerindo o próprio negócio **168**

CAPÍTULO 14. O líder TerraUm e o líder TerraDois **186**

CAPÍTULO 15. A inspiração do sucesso. Ou o sucesso da inspiração **200**

BIBLIOGRAFIA CONSULTADA E REFERÊNCIAS **210**

APRESENTAÇÃO

Transformar parte de sua vida e suas ideias em um livro é, definitivamente, uma experiência interessante. Nessa sequência de linhas e parágrafos, consigo ver imagens, sentir perfumes e lembrar emoções que construíram minha vida até aqui. Isso me leva a crer que nossa existência necessita de um sentido, onde percebemos sua essência no presente e buscamos o desconhecido no futuro. Talvez por essas incertezas eu seja uma pessoa tão inquieta, que está em constante movimento e vê suas realizações, justamente, no que é incerto.

Ao longo desses anos no Brasil, tornei-me mais que um brasileiro, virei um admirador desse país maravilhoso, que recebe a todos como um grande jardim de infância. Puro e, ao mesmo tempo, turbulento, é o cenário em que os compatriotas vivem em meio a gritos felizes e de terror, sorrisos e lágrimas, amor e ódio, tornando normal essa instabilidade de sentimentos.

Como podemos definir nossa singularidade em um mundo tão cheio de controvérsias?

A curiosidade e a percepção que nos insere em um permanente ciclo de renascimento pode ser interpretada como uma insatisfação com nós mesmos, mas acredito que seja mais uma libertação das âncoras que a sociedade nos impõe.

Já passei da época em que as certezas eram, para mim, os verdadeiros pilares de crescimento dos quais deslanchava minha arrogância. Essa característica é típica do jovem empreendedor que quer vender garantias para seu cliente. Apenas a ciência e as pesquisas conseguem vender incertezas e, mesmo assim, por tempo determinado.

O que esperamos de empreendedores é a solidez de escolhas justas e promissoras. No entanto, ainda me pergunto: como os empreendedores vão se comportar nesse mundo de improbabilidades?

O que sei é o que vivi e isso você também saberá um pouco neste livro. A incerteza do acaso continua me levando a escrever novas histórias e nelas a gente pode se encontrar.

PARTE 1

O INDIVÍDUO

ESTAMOS EM PLENO MAR, SEM BÚSSOLAS

CAPÍTULO 1

Mutá é uma pequena enseada emoldurada por coqueiros. Última praia, ao norte, da cidade baiana de Porto Seguro, esse pedaço de paraíso na terra (nordestina) tem o formato de um abraço quando observado de cima, do mesmo modo que se enxergam os arrecifes de corais. A interpretação mais natural para o formato do abraço – quase um clichê óbvio, mas necessário e adequado ao perfil do lugar – sugere que é como se Mutá estivesse sempre à espera de seus visitantes. Em especial, visitantes comprometidos com a preservação do patrimônio cultural, ansiosos e dedicados ao prazer de curtir as belezas e os encantos daquela região.

    Assim como às outras praias de Porto Seguro, Mutá contempla sol e praia, esporte e natureza, história e cultura. Uma experiência única de cenários deslumbrantes e valor indiscutível. Vida de relaxamento que revigora, realimenta, inspira boas ideias e cultiva inestimáveis sensações. Dias ensolarados, alegria contagiante, luz especial e águas mornas e transparentes – eis o cenário típico de Porto Seguro visto também em Mutá. Essa pequena praia, no entanto, parece ao mesmo tempo perto e distante de Porto Seguro. Integra a rota festiva e animada daquele que é o principal destino da Costa do Descobrimento, mas é uma ilha de sossego e tranquilidade. Tem o visual típico da região da *terra mater* do Brasil, mas a calmaria de suas águas, que formam um efeito *dégradé* com o azul do céu nos dias de verão, estende-se ao espírito do lugar. Das areias claras às barracas de praia.

Pois foi nesse lugar exuberante e acolhedor que descobri o Brasil e os brasileiros. E me redescobri. Foi na praia do Mutá que me instalei e consolidei a minha vida empresarial no Brasil. Foi ali que liderei o vertiginoso processo de crescimento do La Torre Resort, hoje um complexo turístico que se estende em mais de 100 mil metros quadrados de área verde e que, em 13 anos, passou de 30 para mais de 400 colaboradores, tornando-se um gigante do turismo de Porto Seguro e chegando a receber até mil hóspedes simultaneamente. Foi a partir do Mutá que enxerguei e interpretei este Brasil de extrema paixão, imenso, de cores múltiplas, diversificado e complexo. Um país de muitas e incríveis nacionalidades dentro de uma só nacionalidade, de potencial gigantesco, avanços consideráveis e tristes realidades, que, muitas vezes, nos parecem fazer recuar 50 anos em 5. Foi também no Mutá que enfrentei o medo e o desconhecido para superar as dificuldades de adaptação, as barreiras da burocracia e a desconfiança diante de um europeu recém-chegado ao Brasil (por mais hospitaleiro que seja o brasileiro, desconfianças repetem-se com naturalidade).

Não deixa de ser irônico que o recomeço de uma vida como a minha tenha se dado na terra em que o Brasil começou. Afinal, a cidade de Porto Seguro é o berço do Brasil. Um nascimento, ou um descobrimento, ou um achamento tido como casual pelos historiadores, resultado de um acidente de percurso no caminho para a costa ocidental da Índia. Como os brasileiros sabem bem, Pedro Álvares Cabral conduzia uma frota de 13 navios rumo à costa ocidental da Índia e, impulsionado por ventos fortes, desviou-se da rota na costa africana. Aproximando-se das terras brasileiras, chegou ao extremo sul da Bahia. Avistou a terra firme em 21 de abril de 1500, conforme a carta de Pero Vaz de Caminha, a "certidão de nascimento" enviada ao rei de Portugal, Dom Manuel: "... na distância de dez léguas onde tínhamos levantado ferro, acharam os ditos navios pequenos um recife com um porto dentro, muito bom e muito seguro, com uma mui larga entrada".

O Monte Pascoal, a 62 quilômetros ao sul de Porto Seguro, foi o lugar avistado. E avistado muito mais com alívio e prazer do que com surpresa ou espanto, dizem os historiadores; afinal, Cabral e seus companheiros de viagem enfrentaram 44 dias de rota pelo mar. Ao entardecer – e quem já foi àquela região da Bahia sabe a beleza desse entardecer –, delinearam-se os contornos arredondados de "um grande monte", cercado por terras planas vestidas de um arvoredo denso e majestoso. Em razão das condições climáticas tempestivas, Cabral e sua esquadra deslocaram-se para o norte à procura de um porto seguro. As caravelas encontraram então um recife, a Ilha de Coroa Vermelha, com um porto largo e seguro, a Baía Cabrália, onde lançaram as âncoras. Desembarcaram em 22 de abril e abraçaram o Novo Mundo.

Se Cabral chegou de maneira casual a Porto Seguro, eu a escolhi de maneira consciente e voluntária para viver e trabalhar. Mais do que isso, foi ali que recomecei minha própria vida, refiz meu destino, reorganizei a rota de minha expedição pessoal e profissional depois de enfrentar sucessivas e profundas adversidades. Anos atrás, deixei o que era, até então, o meu porto seguro: Luxemburgo, o último grão-ducado do mundo, país de meio milhão de habitantes e 2.586 quilômetros quadrados. Da Itália para Luxemburgo, de Luxemburgo para a praia do Mutá.

A brisa do Brasil que sopra hoje, porém, não chegou de maneira suave. Observando pelo retrovisor da minha história, assusto-me com o tamanho dos problemas enfrentados antes, durante e após o desembarque em terras brasileiras. Como o leitor descobrirá nas páginas a seguir, foram anos difíceis: uma família que passou por atribulações, dentre as quais a invasão de soldados italianos e alemães em plena Segunda Guerra Mundial e a retomada da vida em Luxemburgo, onde os imigrantes italianos, na época em que nasci (1970), ainda eram muito maltratados; uma gravíssima doença no momento em que eu, ainda bastante jovem, parecia estar no auge profissional; a sucessão de recomeços;

a revisão radical de um estilo de vida; a necessidade de me desprender do passado e descobrir não apenas uma nova terra, como também uma nova profissão; além de questões relacionadas a adaptação, atualização e revisão constante do que pensamos e fazemos.

Dos dissabores vividos em solo europeu à consolidação de um empreendimento turístico como o La Torre Resort (incluindo o associativismo, com a eleição, em 2016, para a presidência da Associação Brasileira de Resorts), passei pela formação de minha própria identidade, pela absorção constante de conhecimento e pela experiência que combina o local com o global. Tudo isso sem esquecer jamais o lado humano de nossas vidas: o compartilhamento do que aprendemos e do que somos, o desenvolvimento de ações sociais, culturais e econômicas (como empresário, empreendedor, líder de classe e, principalmente, como cidadão) e a convicção em torno do poder do amor, da doação e do desapego, que, por sua vez, nos leva a investir na evolução das pessoas, a confiar no crescimento por meio do aprendizado, a identificar líderes e a reconhecer a habilidade de cada um.

Essa percepção entre o que fui e o que me tornei conduziu-me à ideia de escrever este livro. Na obra-prima *Navio negreiro*, são de Castro Alves, poeta abolicionista nascido no interior da Bahia, os versos capazes de recuperar as palavras do passado e inventar o futuro: "Auriverde pendão de minha Terra / Que a brisa do Brasil beija e balança / Estandarte que a luz do sol encerra / E as promessas divinas de esperança". Pois este livro se situa na fronteira entre a brisa do Brasil que beija e balança e a força do trabalho e do compartilhamento de experiências que não nos deixa encerrar as promessas divinas de esperança. Entre uma coisa e outra, desejos, coragem e trabalho.

Em princípio, me perguntei: o que levaria uma pessoa a se interessar pela história de um empresário conhecido essencialmente no meio turístico? Que inspiração eu poderia oferecer para o imenso universo de indivíduos que não são os meus queridos, talentosos, prestativos e engajados colaboradores que convivem comigo no La Torre Resort ou os empresários que fazem parte da associação do setor que dirijo desde 2016? Que experiências, que dificuldades, que exemplos de sucesso, de fracasso e de oportunidades eu poderia compartilhar com quem aparentemente nada teve ou tem a ver com a minha história, com o meu negócio e com o turismo? Escrever uma autobiografia ou preparar um ensaio com diversas reflexões sobre empreendedorismo, negócios, vida empresarial e mudanças no mundo do trabalho? Analisar e interpretar o Brasil e os brasileiros para o Brasil e os brasileiros ou apontar questões, caminhos, problemas e soluções sobre nossas vidas, inserindo minha própria experiência nesse trabalho, em geral mais afeito a sociólogos, historiadores e políticos?

Ao fazer essas perguntas – e ao buscar respondê-las em incontáveis momentos de reflexão interna –, eliminei quaisquer dúvidas que poderiam existir sobre produzir ou não este livro. A adaptação constante aos novos tempos, as sucessivas mudanças de minha vida pessoal e profissional e as singularidades de uma trajetória empresarial certamente ganham amplidão por fazerem parte de uma história coletiva. Eu não gostaria de escrever uma obra que fosse uma mera autobiografia, um exercício autocelebrativo de minha história empresarial e pessoal. Tampouco pensei em resumir o livro ao compartilhamento de meu conhecimento e de minha experiência nos negócios, nem tão somente analisar o mundo em franca mudança – ainda que uma mudança cada vez mais vertiginosa e desafiadora.

Escrever este livro só faria sentido se ele englobasse a minha vida pessoal e profissional, histórias e ideias. Valho-me do que disse John Donne, um poeta inglês que se notabilizou na segunda metade do século XVI e na primeira do século XVII: "nenhum homem é uma ilha isolada, completa em si mesmo; cada ser humano é uma partícula do continente, uma parte da terra firme". Isso enuncia que ninguém chega ao céu sem antes passar por sacrifícios e momentos árduos. E, então, digo que nossas dificuldades podem ser usadas como moeda corrente para ajudar os outros.

Eis o objetivo triplo deste livro: compartilhar minha própria história, discutir o indivíduo e a comunidade da qual faz parte, e refletir sobre a vida contemporânea – o mundo do trabalho e da vida pessoal na era da pós-modernidade, isto é, o mundo de TerraDois.

Conheci essa expressão e o seu conceito por meio do psicanalista Jorge Forbes*, que definiu dessa forma o que academicamente se convencionou chamar de pós-modernidade. Minha identificação foi imediata. Como ele mesmo diz, trata-se de um termo mais intuitivo, mais sensível. TerraDois, afirma Forbes, é igual à TerraUm, geograficamente falando. Seus habitantes também são muito parecidos. Contudo, as semelhanças acabam aí. A partir de então, tudo muda: educar, estudar, amar, casar, trabalhar, profissionalizar, divertir, aposentar, tudo é radicalmente diferente. O resultado é que nos sentimos desbussolados. E nos sentimos assim porque, embora estejamos em uma terra diferente, continuamos com os mesmos mapas e as mesmas ferramentas de "localização" que tínhamos no

---

* Durante comunicações pessoais e consultorias.

passado. Temos novos sintomas e os tratamos com velhos remédios – que, evidentemente, não funcionam.

Estamos, portanto, completamente despreparados para conviver e usufruir esse novo tempo da pós-modernidade. Em contrapartida, temos à nossa frente uma incrível oportunidade de viver novas experiências, encontrar novos sentidos e sentimentos, estabelecer novas formas de viver, de se relacionar, de trabalhar e de pensar – de novo, como indivíduos, como comunidade, como instituições. Navegamos escravizados nas marolas calmas de TerraUm, mas seguimos já em longo curso pelo desassossego das ondas de TerraDois.

O mundo do turismo é um exemplo dessa dificuldade. O modo de viajar mudou radicalmente, e aqueles que têm o poder da tomada de decisões e das mudanças governamentais parecem não saber lidar com o futuro que já chegou. Falta, por exemplo, integração do segmento do turismo com a realidade tecnológica atual e o futuro viajante. No novo diagrama do turismo mundial, a cadeia produtiva dessa área está desmoronando frente a uma onda de plataformas digitais que eliminam a intermediação com uma eficiência nunca vista antes. A rapidez das mudanças que vêm ocorrendo no mundo digital atropela a legislação de forma disruptiva. Como o turismo, existem vários outros setores em que há esse descompasso por simples incapacidade de adaptação aos novos tempos.

    TerraDois não é, e nunca pode ser, uma terrível ameaça, mas, sim, uma enorme chance para a humanidade se reinventar. É uma travessia necessária, instigante e desafiadora. E foi por isso que encontrei no conceito de TerraDois e nas reflexões incitadas a sinergia inevitável sobre o que penso para o mundo dos negócios, para a inspiração em relação a uma nova forma de liderar, gerir e compartilhar, para a navegação em um mar de incertezas chamado vida contemporânea. O resultado dessas inquietações está nesta obra. Espero, com alegria e ansiedade, que estas páginas sirvam de conhecimento e inspiração aos navegantes que as leem.

SONHOS EM TEMPOS DE GUERRA

CAPÍTULO 2

O Brasil vangloria-se, com razão, por não ter se envolvido em grandes guerras e conflitos em sua história. O Brasil não sofre com terremotos ou furacões, muito menos tsunamis. Sua participação na Segunda Guerra Mundial foi pequena, apesar da bravura dos pracinhas da Força Expedicionária Brasileira. Esteve longe do terrorismo e dos pavorosos conflitos decorrentes de imigrações em massa. Os brasileiros não viram genocídios. O país é abençoado não apenas por alívios geográficos, mas também geopolíticos. A Terra de Santa Cruz batizada pelos navegantes portugueses pode não ser um paraíso, mas todo o país sabe que não viveu em um inferno.

Apesar dos inúmeros problemas que os brasileiros conhecem tão bem, para alguém como eu - um italiano cuja família viveu os horrores da Segunda Guerra Mundial -, essa bênção é uma dádiva especial. Aliás, costumo dizer que a história de minha família, na Europa do pós-guerra, me ajudou a entender o problema social do Brasil.

Nasci pobre em Luxemburgo. E não sinto vergonha disso. A família de meu pai, Domenico Rotunno, era mais pobre ainda. Italianos, eles viviam no vilarejo de Banzi, região da Basilicata, no sul da Itália. Os tempos mais sombrios foram aqueles que combinaram as incertezas decorrentes da pobreza com o cotidiano de horror e morte de um conflito como a Segunda Grande Guerra. Eram os tempos do

Holocausto: o genocídio, promovido por Adolf Hitler, de cerca de seis milhões de judeus. Entretanto, não foram somente eles. Os atos de opressão e de assassinatos em massa cometidos pelos nazistas dirigiam-se também contra vários outros grupos étnicos, políticos e sociais na Europa. Dentre suas principais vítimas não judias estavam ciganos, poloneses, comunistas, homossexuais, prisioneiros de guerra soviéticos, testemunhas de Jeová e deficientes físicos e mentais. Para a perseguição e o extermínio, valiam-se de tudo o que havia de mais sombrio, desde confisco de bens e escravização até execução sumária em câmaras de gás. Tudo isso com o conluio do regime fascista do italiano Benito Mussolini.

Meus antigos familiares sofreram. Os parentes do meu pai tiveram de se abrigar, durante semanas, em uma gruta, para se esconderem dos soldados do ditador fascista. Depois da guerra, fazendeiros democratas-cristãos passaram a empregar as pessoas, inclusive meu pai (na época, a Democracia Cristã era o movimento político mais credenciado para ser a alternativa de poder na Europa). Meu pai trabalhava no campo desde criança. Por sorte, ele conseguiu se alfabetizar mesmo após ser expulso da escola por não possuir uma camisa preta, obrigatória na época do fascismo de Mussolini. A vida naquelas fazendas italianas era muito, muito dura. Ele parecia um refugiado em seu próprio país. Aos 17 ou 18 anos de idade, cansado, sem direitos e sem respeito, viu-se obrigado a sair da Itália em direção às montanhas suíças, onde aprendeu a fazer queijo e, um pouco mais tarde, a trabalhar com ferro nas siderúrgicas luxemburguesas. Com essa experiência, voltou para a Itália.

O otimismo logo se desfez. Sem conseguir emprego, migrou novamente para Luxemburgo, onde passou a trabalhar como operário em uma fábrica metalúrgica. Voltou para a Itália só mesmo para se casar com minha mãe, Angela Sassi. Casaram-se e retornaram a Luxemburgo. Ali havia mais emprego; já na Itália arrasada pela guerra não. Mas isso não significava vida fácil. Como imigrantes, meu pai trabalhava como operário e minha mãe, nos serviços de limpeza, e posteriormente em uma fábrica de porcelana.

Foi nesse momento de muito trabalho dos meus pais – e muitas dificuldades também – que nasci, em 11 de abril de 1970. Os italianos passaram por muitos infortúnios antes da integração em Luxemburgo. Fiel a seus ideais de esquerda, meu pai era inscrito no partido comunista italiano – ainda que não tivesse militância partidária. Entretanto, devo dizer que minha formação não foi nem socialista, muito menos comunista, mas, sim, baseada em uma educação que respeita os trabalhadores e as pessoas. Meu pai era um grande humanista. Até mesmo os países socialistas e comunistas eram, naquela época, influenciados pelos avanços do chamado *Welfare State* – a política do Estado do Bem-Estar Social surgido após a Segunda Guerra Mundial. Conflagrada pelos efeitos da guerra, a Europa ressurgia com um amplo programa de industrialização, ampliação dos serviços assistenciais públicos e dos direitos sociais e trabalhistas, além de regulamentação das atividades produtivas. O objetivo era a redução consistente das desigualdades da época. O *Welfare State* cumpria esse papel com louvor.

Os bons resultados fizeram muitos partidos de esquerda reduzir ou eliminar de seus programas a defesa de qualquer ruptura com o capitalismo. A social-democracia ganhava força diante dos declaradamente liberais ou dos marxistas e comunistas. Mais do que isso: com o ambiente propiciado pelo *Welfare State* e ainda com a criação da Comunidade Econômica Europeia (CEE), da qual Luxemburgo foi cofundadora com mais cinco países, minha família encontrou as condições para melhorar muito de vida. Para quem não sabe, a CEE antecedeu a União Europeia. Ela criava um mercado comum europeu e dava um passo adiante no que diz respeito à consolidação de uma união aduaneira e de uma política unificada de circulação de capital, bens, produtos e serviços e pessoas. Alemanha Ocidental, França, Itália, Bélgica, Países Baixos e Luxemburgo foram os primeiros países a integrar essa comunidade, mais tarde (em 1993) substituída pela União Europeia.

O *Welfare State*, de um lado, e a Comunidade Econômica Europeia, de outro, ajudaram a transformar a vida dos imigrantes italianos em Luxemburgo. Eles passaram a ser mais valorizados, diante do esforço de integração e do valor da cultura italiana. Com o passar do tempo, adquiriram integralmente a cidadania luxemburguesa. Os salários melhoraram. A vida foi sistematicamente se tornando menos dura e alcançando patamares muito mais satisfatórios de bem-estar. Meus pais construíram a sonhada casa própria. A família alcançava o *status* e o estilo de vida da classe média europeia. E não fomos os únicos. Foi um crescimento notável, uma ascensão social permitida a muitas famílias.

Isso me permitiu tanto estudar em excelentes escolas quanto aprender diferentes idiomas – aprendi a falar e me comunicar em sete línguas: italiano, português, francês, alemão, inglês, espanhol e luxemburguês. Hoje, virou lugar-comum dizer que falar idiomas cria diferenciais para o profissional. É um clichê, é verdade, mas um clichê necessário e absolutamente verdadeiro que precisa ser ouvido por todas as famílias, de todas as classes sociais e regiões. Tenho plena convicção de que esse foi um dos meus ativos individuais mais determinantes diante de meus concorrentes no mundo do trabalho.

Com meu grande interesse por sociologia e mercado, formei-me em Economia pela Escola Europeia de

Luxemburgo. Um modelo único de escola no qual as aulas são ministradas em vários idiomas. Desse modo, eu estudava história em alemão, economia em francês e assim por diante. Fomos realmente uma das primeiras gerações completamente europeizadas. Depois, prossegui meus estudos na Itália, na Faculdade de Direito da Sapienza Università di Roma, sem muito êxito. De volta a Luxemburgo, passei a estagiar e trabalhar no Banco Geral de Luxemburgo. Aos 20 anos de idade, eu atuava no setor de títulos bancários. E, então, apareceu uma enorme oportunidade de desenvolvimento: o desafio era descobrir a diferença nas contas de uma carteira de títulos do banco, um problema antigo que meus colegas não estavam conseguindo resolver.

 Aconteceu o inesperado: achei a origem do problema, que ocasionava uma contabilização dupla, com uma perda para o banco difícil de identificar. Eu não tinha sequer completado dois anos de atuação no banco, mas fui promovido a chefe de departamento – o mais jovem da época (eu tinha 22 anos de idade). Vitorioso no desafio, vi o melhor dos mundos na época: um cargo de chefia, um excelente salário e o trabalho em uma área que me garantia uma enorme interação com outros bancos sediados em Luxemburgo e com a sua tradicional e conhecida Bolsa de Valores.

 Para quem não sabe, a maioria dos bancos de Luxemburgo tem amplas transações estrangeiras. É um país em que o mercado de capitais é muito forte e uma das maiores riquezas *per capita* do mundo, além de baixíssimos índices de inflação e desemprego. O mercado financeiro representa quase ¼ do produto interno bruto (PIB) de Luxemburgo. Não à toa, muitas empresas internacionais negociam e investem papéis no país. Tive a sorte – e o talento para aproveitar as oportunidades surgidas – de trabalhar em um mercado que exigiu um enorme esforço do sistema financeiro luxemburguês, ainda mais em um momento de abertura das fronteiras do país ao Euro, a nova fase da Comunidade Econômica Europeia que relatei. Durante os dois anos de processo de unificação financeira da Europa, eu vivi a experiência trabalhando em banco, fazendo disso um grande ativo profissional que se provou muito útil, sobretudo no decorrer de minha vida futura no Brasil.

Até hoje, em meu escritório no La Torre Resort, em frente à praia, guardo memórias daqueles tempos: nas paredes, pendurei cópias dos títulos que eu pesquisava na época. (Sim, até pouco tempo os papéis negociados eram literalmente papéis; hoje os "papéis" são essencialmente virtuais.) *Les Mines d'Or de Porcecito - Societé Anonyme*, *La Patrie - Compagnie Anonyme d'Assurances et de Réassurances Accidents, Incendie, Rentes viagères et autres risques* e *Societé des Tôleries de Louvroil* são alguns dos papéis exibidos que chamam a atenção das pessoas que me visitam. Parecem diplomas, adornados por letras pomposas e emoldurados em alto estilo – e não deixam de ser diplomas adquiridos durante uma passagem profissional muito vistosa.

Já naquela época, muitas coisas me inquietavam no mundo do trabalho e das relações da Europa, uma insatisfação forte e permanente que demarcaria as mudanças que promovi na minha própria vida nos anos seguintes. Eu tinha uma visão extremamente crítica do engessamento das estruturas corporativas e de sua hierarquia demasiadamente vertical, do modelo de liderança dentro de uma empresa, da dificuldade de ouvir – e, mais ainda, de implementar – ideias inovadoras surgidas nas equipes. Colocar esses modelos tradicionais de cabeça para baixo e implantar um modelo pós-moderno sempre foi meu sonho pessoal. Essa foi uma das razões que me levou a mudar de país: colocar em prática conceitos que não conseguia pôr na Europa. Não conseguia naquela época e tenho a convicção de que dificilmente conseguiria hoje.

Esse sonho dizia respeito à estrutura, à hierarquia, ao modelo de liderança e também ao modelo de negócios. Uma das minhas frustrações europeias, razão pela qual eu não me sentia realizado mesmo sendo bem-sucedido financeiramente, era a forma de administrar. Eu ambicionava criar um modelo de negócios mais humano, que se preocupasse mais com o que cerca a nós mesmos, o nosso trabalho e a empresa em que estamos inseridos. Tanto no banco quanto mais tarde, como empreendedor ainda na Europa, eu senti as desilusões se sucederem nesse terreno. Era preciso rever o meu papel como empresário, como chefe dentro de um departamento, como empreendedor dentro da cadeia produtiva de uma empresa.

    Comecei este capítulo com o fato de o brasileiro se vangloriar do não envolvimento em grandes guerras e conflitos. Como europeu que sou, nascido em uma família que viveu o tormento dos conflitos de larga escala com efeitos dentro de casa, a comparação é inevitável. Outra distância que separa brasileiros e europeus é o engessamento do sistema. Muitos brasileiros devem enxergar a Europa com olhos de desejo ou inveja, especialmente pelo padrão de vida mais alto e pela fama de um regime de proteção social mais cuidadoso com o trabalhador. No entanto, poucos se atinam ao fato de que, do outro lado do Oceano Atlântico, não se falava em relacionamento humano no trabalho, mas, sim, em relacionamento de deveres. De modo geral, o sistema europeu era tão engessado que não acompanhava a evolução das necessidades das pessoas. Esse engessamento matava a criatividade do empresário, pois não havia espaço para formular um modelo empresarial diferente. As regras e os limites extremamente estreitos de atividade e os regulamentos modulavam tudo, até mesmo o diálogo entre trabalhadores e empresários. Era uma forma excessiva de regularizar as relações de trabalho, capaz de asfixiar em função dos seus rígidos mecanismos normativos. Era assim mesmo que eu me sentia: asfixiado. Foi necessário – e inevitável – mudar de país e de continente para viver uma experiência nova, inexplorada.

Antes de contar sobre essa mudança e de detalhar como e por que atravessei o Atlântico em busca de um desafio completamente diferente, convém mostrar uma outra mudança tão significativa quanto. Mudança que ilustra o peso das adversidades e, especialmente, da superação e da resiliência necessárias em um mundo que nos surpreende diariamente.

APRENDENDO A LIDAR COM AS ADVERSIDADES

CAPÍTULO 3

São muitas as histórias de profissionais que, no resplendor da carreira, se deparam com mudanças bruscas.

Às vezes, uma guinada na profissão decorre de uma inquietação profissional em pleno acume – uma comichão que nos fisga e nos faz perguntar se aquele auge é mesmo um auge, se somos felizes naquele estágio de vida, se determinada atividade faz sentido para nós, como seres humanos, ou se corresponde ao propósito que imaginamos para todas as esferas de nossas vidas.

Outras vezes, viravoltas surgem em função de fatores externos: uma grave crise econômica, um abalo na empresa em que trabalhamos ou no nosso próprio negócio, um relacionamento que se tornou insustentável naquele ambiente ou uma decisão arbitrária vinda de um chefe, um acionista ou um sócio.

Em alguns casos, provêm do simples desejo de mudança, para os lados, para baixo ou para cima, pela simples sensação de que o topo ainda não chegou.

Em certas ocasiões, mudanças têm a ver com a própria idade. Infelizmente, em muitos locais, esse é um fator decisivo. Nossa idade pode ser um empecilho para a carreira. Isso ocorre nas duas pontas clássicas das faixas etárias: entre 20 e 25 anos, quando jovens e considerados inexperientes, embora com boa formação; e a partir dos 50 ou 55 anos. Ao meu ver, hoje o auge da carreira se estabelece na faixa entre 35 e 45 anos, idade em que normalmente encontro profissionais ocupando postos-chave nas novas organizações. Basta observar a idade dos CEOs e de vários executivos de primeira linha.

Como já mencionado no capítulo anterior, eu me senti no fulgor da carreira bastante jovem. E mais ainda porque, em 1993, fui novamente promovido pelo Banco Geral de Luxemburgo e passei a atuar na Bolsa. Eu tinha precisamente 23 anos de idade e me vi realizando o trabalho dos meus sonhos: a Bolsa de Valores de Luxemburgo. Era o máximo para alguém apaixonado por números e negócios, ambicioso (no bom sentido), jovem e completamente mergulhado na experiência do mercado financeiro.

Justamente nesse momento glorioso, recebi a notícia mais terrível que se pode ter em qualquer circunstância e idade: eu tinha uma doença gravíssima que poderia tirar minha vida. Detectaram em mim a síndrome de Crohn, uma doença inflamatória séria que afeta a parte inferior do intestino delgado (íleo) e o intestino grosso (cólon). Era um câncer de cólon. Os médicos deram o prognóstico sombrio: eu teria entre 4 e 6 anos de vida restante. Disseram-me que eu não chegaria aos 30 anos de idade.

Em momentos como esse, há, em geral, duas alternativas. Uma delas é se deixar levar pela doença, em uma espécie de espera pacífica a fim de que o destino ou Deus

– se o paciente acreditar nEle – se encarregue de tomar a decisão por você. A outra é fugir. Fugir dos amigos e da família. Sentir vergonha de ter tal doença, pois a verdade é que ninguém quer ter um enfermo ao seu lado, seja porque não quer a companhia de um doente ou porque o enxerga como um coitadinho. Portanto, é muito difícil enfrentar um momento como esse. Contudo, há ainda uma terceira alternativa, que é lutar pela vida. Desafiar a morte, recusar-se a morrer. Eu me perguntava todas as noites: "Por que eu? Por que fui escolhido para morrer? O que fiz de errado para merecer essa punição?".

Resolvi lutar pela vida e contra a morte. Decidi buscar médicos capazes de tratar a doença e amenizar a dor. Escolhi encontrar e redobrar toda a força interior possível para enfrentar aquele açoite. Enfim, recorri a todos os meios disponíveis, nos limites de minha capacidade. Foi um caminho longo e solitário, um período no qual me fechei em mim mesmo. Uma doença pode nos desestabilizar a ponto de nos sentirmos excluídos socialmente, gerando um sentimento de compaixão por nós mesmos, de coitadismo. Eu sabia que tal armadilha psicológica não me ajudaria a superar essa duríssima fase de minha vida.

Quero realçar que essa ponderação vale tanto para a saúde como para as adversidades rotineiras.

Dentre as alternativas existentes, evidentemente optei pela terceira, visto que escrevi e publiquei este livro. Entretanto, não foi fácil. Enfrentei seis cirurgias consecutivas. Estive em fase terminal de saúde (e de existência). Saí do meu emprego a fim de me tratar. O tratamento foi tão difícil que, em muitos momentos, abalava a minha esperança de recuperação. Até que encontrei uma clínica especializada em pesquisas, em um hospital universitário da Itália, onde me livrei da doença. Tive, portanto, não só a força interior e a vontade de viver para cuidar de mim, mas também a sorte de ter condições financeiras, vendendo uma casa que meus pais tinham me doado, e de ter descoberto a clínica certa para o tratamento graças a uma indicação de meu melhor amigo, que estudava naquela universidade.

Infelizmente, a maioria não tem a mesma sorte e as mesmas condições. E isso não ocorre apenas com os brasileiros, acostumados a enfrentar dissabores e experiências dolorosas nos corredores, enfermarias e leitos dos hospitais públicos espalhados pelo país. Vi isso de perto também na Europa. Enquanto eu recebia tratamento especial (*vip*), doía-me a alma ver pessoas esperando atendimento nos corredores. Ao mesmo tempo que era um alívio estar sendo atendido com presteza e qualidade, também era doloroso notar idosos e crianças à mercê da própria sorte. Uma sensação de injustiça muito profunda se abatia sobre mim naquelas ocasiões.

Em seu livro *Por um fio*, o famoso médico Drauzio Varella mostra como a perspectiva da morte pode revelar um inesperado sentido para a vida. As décadas de experiência com pacientes em situação de risco e portadores de doenças muito graves ensinaram-lhe que o principal objetivo da Medicina é aliviar o sofrimento humano – uma lição que nem sempre é ensinada nas escolas de Medicina. Varella especializou-se em Oncologia em uma época em que o câncer era visto com tanto horror que nem sequer era referido pelo nome: dizia-se "aquela doença". Em seu texto, de um lado há a reação dos que se descobrem doentes, que vai da surpresa à revolta, do desespero ao silêncio e à aceitação. Do outro, a atitude dos familiares, que varia da dedicação incondicional à pura mesquinharia, da solidariedade ao abandono.

São muitos os episódios surpreendentes de mudança de vida, como se a visão da morte fosse uma espécie de libertação, um divisor de águas que dá ao indivíduo um novo sentido de presente e, sobretudo, de futuro. Foi o meu caso. A doença, a proximidade da morte e o pesaroso tratamento para afastá-las (a doença e a morte) me permitiram recobrar a vida. Ou melhor, repensá-la. Naquele momento, deu-se uma nova mudança de vida. Resolvi assumir meu próprio destino e enfrentar, com olhos abertos e organismo limpo, o que ainda tinha para viver e construir o restante de minha vida. Resolvi, acima de tudo, não deixar que os outros a guiassem. Para usar uma expressão comum e adequada aos tempos atuais, eu decidi ser o protagonista da minha própria história. Costumo brincar que aquele episódio me deixou com uma espécie de transtorno obsessivo-compulsivo (TOC nervoso): é preciso limpar o organismo, expulsar qualquer coisa que possa fazer mal, ter um contato permanente e umbilical com a vida.

A mudança ocorreu em dois níveis. De um lado, a transformação do estilo de vida, adotando os exercícios físicos e o cuidado com a saúde como um padrão de existência, uma rotina da qual não se pode escapar. De outro lado, a mudança profissional. Mergulhei em uma nova carreira, passando do mercado financeiro para um empreendimento no mundo da gastronomia. Isso mesmo, depois de atuar por três ou quatro anos em banco e em bolsa de valores, resolvi abrir um restaurante em Luxemburgo. Um negócio de grande sucesso, que se estendeu para outros cinco restaurantes. Havia muito trabalho a fazer – com o corpo, com a mente e com os negócios em expansão. O que contava era desafiar a vida.

Europeus ou brasileiros, tanto faz; o fato é que todos os seres humanos são péssimos planejadores de suas vidas.

Pensamos que tudo terá solução lá na frente. Conseguimos planejar bem os momentos imediatos, o que faremos à tarde, no dia seguinte ou no próximo final de semana. Planejar o próximo mês já é uma tarefa mais nebulosa. O planejamento dos anos seguintes, então, vira uma temeridade. Planejar um prazo de vinte, trinta anos, é um exercício quase utópico. Por isso, talvez, como dizem muitos especialistas em estilo de vida, as pessoas continuam acumulando peso, comendo demais, levando vida sedentária, sem tomar consciência de que estão embarcando em um processo que acarretará danos graves à sua saúde nas fases mais avançadas da vida – e também no presente. Os tributos que pagamos na velhice constituem um pagamento real ao débito contraído quando mais jovens e descompromissados com o futuro. Sabemos que o envelhecimento é gerúndio, faz parte de um processo em curso que começa no nascimento e termina com a morte. Cada passo é a raiz de uma consequência futura. Isso vale também para a nossa vida profissional.

Tendemos a jogar nos outros a responsabilidade sobre a nossa saúde. Vale qualquer culpado: Deus, a cidade, a poluição, o trânsito, o estresse, a falta de tempo livre. Enquanto enxergamos o problema em fatores externos a nós, ignoramos – conscientemente ou não – o fato de que cada um de nós precisa se responsabilizar pelo próprio bem-estar. É uma questão de prioridade. Muita gente diz não ter tempo de fazer exercícios. Acordam muito cedo para levar os filhos à escola, trabalham demais, têm de cuidar da casa. Antes, eu tinha até compaixão, mas hoje consigo dizer sem medo de parecer grosseiro: isso é problema seu. Ninguém vai resolver esse problema para você.

Contudo, em tempos de pós-modernidade – de TerraDois –, é indispensável ficar atento para não se apegar a conceitos antigos de planejamento, segurança, precaução e certezas de vida. Hoje, as certezas são temporárias, e as ambiguidades, uma realidade a se conviver. Do estático de antes, tem-se o interativo de hoje. A unidade do passado depara-se com as radicais diferenças do presente. O treinamento foi substituído por experiências. Se projetávamos o futuro, agora o reinventamos. As adversidades de ontem tornam-se oportunidades de hoje.

Restabelecido da enfermidade e mergulhado na mudança de vida e de carreira, eu me vi praticando ideias pós--modernas mesmo sem essa conceituação consciente que possuo hoje, com as reflexões sobre TerraUm e TerraDois, modernidade e pós-modernidade. A inovação, a convivência com a incerteza e a adesão à coragem contra o risco fizeram parte daquela fase de transformação.

Com o restaurante aberto, precisei, por exemplo, aprender a cozinhar. Naquele momento, constatei que, sem isso, eu não seria respeitado nem pelos *chefs* de cozinha, nem pelos garçons. Dediquei-me também a aprender como um restaurante funciona eficazmente: a compra mais barata de mantimentos, o cozimento pelo menor preço, o relacionamento com os funcionários, o atendimento aos clientes pelos garçons, os serviços de limpeza.

Posteriormente, descobri que todo esse conhecimento seria muito útil na hora de dirigir com eficiência um resort no Brasil. Ao aprender a gerir um restaurante, conheci os fundamentos da gestão de empresas de serviços, preparando-me para os desafios empresariais que enfrentaria anos depois no Brasil.

Era o valor da experiência mais uma vez se revelando. Essas coisas dificilmente se aprendem na escola ou na família. Meus pais, por exemplo, nunca identificaram em mim alguém que viria a trabalhar com hospitalidade. Lembro-me do desastre da minha experiência na faculdade de Direito. Depois, o emprego no banco, trabalhando de terno e gravata todos os dias (minha mãe via aquele como um emprego para durar a vida inteira, trazendo-me segurança, estabilidade, dinheiro e *status*). No entanto, lembro-me também de que, aos 6 anos de idade, eu gostava de esperar meu pai chegar do trabalho. Abria a porta de casa para ele, colocava um paninho em volta do meu braço, imitando os gestos de um garçom, e o levava para a cozinha. Fingia ser um garçom servindo-lhe comida em um restaurante. Desde pequeno, gosto do conceito de receber. Da hospitalidade.

Não foi talvez um sortilégio do destino que, deixando o terno e a gravata do banco e resolvendo dar uma virada na minha atividade profissional, eu tenha montado um negócio gastronômico – e, mais tarde, um resort. Quando eu era criança, gostava de criar lugares mágicos e momentos especiais com gente à minha volta, tendo a oportunidade de trocar experiências e compartilhar visões. Corri atrás disso. Procurei, dei voltas e achei meu caminho. Primeiro com o restaurante, depois com o hotel. (Mais adiante, voltarei ao tema da hospitalidade, mas acredito nela como uma arte de criar espaços de compartilhamento, onde podemos fazer amizades de forma sincera.)

A hospitalidade, portanto, foi um dom (re)descoberto em razão de uma tragédia (a doença), uma decisão (encontrar meu caminho) e uma motivação (mudar), três aspectos nada fáceis em qualquer circunstância, continente ou situação econômica. Contudo, esses são cenários fundamentais para demarcar a diferença entre o que desejamos ser e o que efetivamente somos.

POR QUE MUDAR? (MESMO APAVORADOS COM A MUDANÇA)

CAPÍTULO 4

A vida, como vimos, pode estar por um fio a qualquer momento. É transitória, passageira. Não há nada fixo, nem permanente. Em tempos de pós-modernidade, esse ensinamento tipicamente budista - o da transitoriedade da existência - vale para qualquer religião, filosofia de vida ou modelo de sociedade.

Se a falta da permanência é uma característica da humanidade desde sempre, a pós-modernidade exacerbou o perfil e as exigências da mudança. De habilidades e conhecimentos a formas distintas de linguagem, de posições de poder (no trabalho, na política, nas relações cotidianas) a pessoas e empresas, é como se a mudança tivesse ficado mais constante e mais veloz.

É preciso conviver com ela de maneira natural, por mais que cada um de nós prefira a repetição, a tradição, a ordem, o porto seguro da continuidade e do que já conhecemos. Como disse uma vez o ex-presidente francês Charles de Gaulle, "nada é durável, a não ser que seja incessantemente renovado". Ou, como lembra uma frase anônima pichada em um muro do Rio de Janeiro (citada numa antologia de frases sobre a maldade, organizada pelo ex-ministro Gustavo Franco): nada é permanente, exceto a mudança.

Evidentemente, essa é uma fonte inesgotável de pavor e de angústia. O sonho do mundo moderno naufragou em forma de desastres ecológicos, violência, fome e projetos de futuro concebidos para tentarmos consertar o mundo – sem sucesso. A sociedade passou séculos imaginando que poderia controlar a vida e a natureza: todos os avanços da medicina, da engenharia e da psiquiatria iam em direção à construção de uma sociedade equilibrada e um ser humano estável. Essas expectativas, no entanto, desabaram. Por isso, vivemos o medo da morte, o medo do tempo, o medo da angústia, o medo de sentir medo, o medo frente ao desconhecido.

A expectativa de um mundo ideal existe somente em nossa imaginação e é por essa razão que precisamos mudar de maneira tão intensa, veloz e constante. Devemos nos adaptar à dinâmica da vida e, de algum modo, com coragem, encarar o confronto cotidiano com a realidade. Você já deve ter ouvido algo do gênero: a vida é um jogo contínuo de forças antagônicas, em confronto, no qual alegrias e perdas se complementam.

O maior risco, para pessoas e empresas, é aderir ao medo de mudar e se aprisionarem à inércia.

"Obsoleta. Essa é a melhor descrição da empresa tradicional. Tradicional e que impera na vasta maioria das organizações que hoje existem", escreveu o empresário Ricardo Semler, no livro *Virando a própria mesa*, que anos atrás fez bastante sucesso no Brasil. De acordo com Semler, um processo lento, que não grita, sussurra uma "transformação sigilosa pela qual passa o modelo de empresa como a conhecemos hoje". As frases citadas são de 2002, um ano após minha chegada no Brasil, e continuam válidas como se tivessem sido escritas hoje.

O modelo tradicional servia muito bem à Revolução Industrial, quando existiam operários, chefes, supervisores, gerentes e assim por diante. Paradoxalmente, hoje, apesar das recentes mudanças estruturais, muitas empresas ainda recorrem aos modelos tradicionais. É enorme o medo de mudar.

Entretanto, o tempo mudou. Enquanto gerações de brasileiros se apegavam à perspectiva de um concurso público, por exemplo, com o qual ganhariam a estabilidade desejada – um ideal de continuidade, ordem e previsibilidade –, hoje muitas das gerações mais novas se mostram desapegadas a corporações e a modelos fixos. Ao contrário, apostam no risco e na imprevisibilidade como forma de sentirem desafiadas e poderem migrar de um ambiente ou de um projeto para outro.

A geração *slash* é um exemplo. Derivada das gerações X / Y / Z, a *slash* origina-se do símbolo que separa cada uma dessas gerações com uma barra ("/"). Reflete uma evolução da vontade de ser multitarefa. Quero ser bombeiro / fotógrafo / garçom / jardineiro. Findou-se a era de ter que responder à fatídica pergunta: "o que quer ser quando crescer?". Essa geração quer ser tudo que gosta, onde e quando quiser. Com frequência, a geração *slash* abre mão do salário para deixar espaço à experiência e ao prazer de vivenciar o desejo próprio.

Ser *slash* significa defender a própria liberdade e aceitar viver com as incertezas do futuro. Uma ruptura total do conceito de segurança visto por meio da profissão. Os *slashers* são verdadeiros nômades do trabalho. À margem da legalidade das leis trabalhistas, muitas vezes os *slashers* têm empregos e são microempresários ao mesmo tempo. Uma situação pouco legal que não os impede de viver seus sonhos. Durante o dia, a pessoa pode trabalhar em um escritório de contabilidade, e à noite, ser *DJ*.

Os *slashers* não gostam de autoritarismo. Defendem um sistema de trabalho horizontal e de liderança inspiradora em busca de ideais. Querem descobrir algo que será o resultado das experiências acumuladas. Portanto, um desejo em contínua mutação. O *slasher* constrói seu desejo de consumo de amanhã conforme a vivência de hoje.

Ser *slash* não é o mesmo que ser aventureiro. Essa forma de viver e trabalhar é reservada a pessoas com mais acesso à informação, várias capacidades profissionais e aptas a exercer diversas funções, utilizando o conhecimento para atingir essa multifuncionalidade. Para isso, é inevitável derrubar barreiras entre as áreas do conhecimento e mudar a produção na vida pessoal e profissional.

Para alguns, é um retrato claro de uma era do descartável. Para outros, uma adaptação necessária aos novos tempos. Para tantos, sinônimo de mais angústia e medo. De um jeito ou de outro, ninguém deve se sentir inferior ao se ver apavorado com a ideia de mudança. É um sentimento complexo, mas natural.

Engana-se quem pensa em mudança como algo grande e estrutural, que só acontece nas transformações mais significativas e globais. A mudança é também uma revolução silenciosa e individual, que tem a ver com atitudes e ações pessoais com potencial para transformar uma sociedade quando percebidas por outros ao redor.

A mudança é angustiante porque sai de uma determinação, de um conceito, de uma prática corrente, de uma forma de viver anterior, para algo novo e quase sempre indefinido aos olhos do presente - nunca se sabe, ao certo, o exato rumo e o impacto dessas mudanças.

Desprender-me do passado: eis a tarefa fundamental a que me vi dedicado no início dos anos 2000. Depois de seis anos de trabalho árduo, crescimento e sucesso no mundo gastronômico, uma nova mudança surgiu. Eu tinha 30 anos de idade quando me casei com uma brasileira. Logo após, evidentemente, vim passar férias no Brasil. Desembarquei em São Paulo e impressionei-me com tantos prédios juntos. Depois, fui para uma pequenina cidade paulista chamada Fernandópolis (a quase 600 km do município de São Paulo), terra natal da minha então esposa. Outra realidade. De Fernandópolis, parti para Ilhabela e Ubatuba, no litoral norte de São Paulo. Mais uma realidade bem distinta. Em seguida, visitei Ilhéus, no sul da Bahia. Foi amor imediato. Um mundo novo de fascinação foi descoberto naquele momento.

Passei apenas onze dias de férias no Brasil, mas essa breve visita despertou-me uma enorme curiosidade por essa combinação entre uma festa sofisticada e urbanoide nos Jardins, bairro nobre de São Paulo, e a simplicidade e descontração das praias do Nordeste. Então, voltei para a Europa, mas retornei ao Brasil imediatamente – exatos dez dias depois.

Nessa segunda vez, fiquei 30 dias; tempo suficiente para eu decidir mudar-me definitivamente para o Brasil. E tinha que ser logo. Assim, regressei para Luxemburgo a fim de arquitetar a minha mudança.

Na Europa, eu enfrentava aquela sensação que descrevi algumas páginas atrás, um sentimento de asfixia e aprisionamento pela sua estrutura tradicional, pelo engessamento de seus regulamentos, pela dificuldade de um modelo que se preocupasse com o humano.

Já no Brasil, mesmo naqueles poucos dias em férias, deparei-me com um mundo novo. A mistura de populações diferentes, o leque de espaços, a imensidão de um país não só do ponto de vista territorial, mas também humano. Do ritmo frenético de São Paulo à vida de pescador no litoral nordestino, a convivência de polos tão distintos parecia harmônica para mim. Era possível sair de um ritmo para outro em poucas horas, sem longa adaptação. Um ambiente propício para mudanças vertiginosas de qualquer espécie.

Eis um local para viver, trabalhar, empreender, crescer e... mudar. Foi o que pensei naquele momento. Calculei que uma vida inteira não seria suficiente para realizar todas as potenciais possibilidades no Brasil. Dificuldades existem em todo e qualquer lugar, inclusive no mais rico país do planeta. Já perspectivas infinitas não. Eu vi, no Brasil, o atributo essencial da incerteza, do risco, da instabilidade criadora – e ainda o vejo, 16 anos depois. Vindo de um continente com economias relativamente estáveis, eu não tardaria a perceber como funcionam os ciclos econômicos sul-americanos. Por aqui, os brasileiros sabem bem, a cada dois ou três anos vive-se uma nova ebulição econômica, para cima ou para baixo. Isso torna tudo mais arriscado e vulnerável.

A mudança definitiva ocorreu no ano seguinte, no início de 2001. Desfiz a sociedade nos restaurantes, deixei esses empreendimentos para trás e transferi minha vida e meus projetos para o Brasil. Para isso, escolhi Porto Seguro e sua brisa baiana. Mas... O que fazer?

Atuando na gastronomia, com fluência em vários idiomas e talento para relações comerciais, eu criei meu primeiro desafio: construir pontes aéreas entre a bela e pacata Porto Seguro e a Europa. Assim, comecei a vender a cidade baiana para as agências de turismo europeias, mesmo sem nunca ter trabalhado antes na área do turismo. Naquela época, o turismo internacional em Porto Seguro era essencialmente argentino. Sonhei então com a ideia de fazer pousar um avião europeu em Porto Seguro. Montei um *pool* de pousadas (sete no total, com 110 apartamentos ofertados), criei um catálogo e fui vender o conceito de *all inclusive* para os europeus. Os primeiros a comprarem a ideia foram os romanos. Depois de muitas conversas, a operadora IGS topou produzir um catálogo. Em seguida, foi a vez os portugueses. Mais tarde, os holandeses.

Foi tudo muito rápido. Com voos chegando de Lisboa, Milão ou Amsterdã, montou-se pela primeira vez uma alfândega com um segundo terminal internacional em Porto Seguro. Talvez pouca gente se lembre que naquela época a pista sequer era iluminada nos primeiros fretamentos. No entanto, logo vieram as obras de ampliação e melhorias para suprir aquele novo e aquecido mercado turístico. No mesmo período, arrendei um clube de praia de uma proprietária suíça. Eu apostei que minha vida empresarial decolaria naquele ambiente. E decolou.

Contudo, logo surgiram novas adversidades – aquelas que costumam acompanhar novas empreitadas e promover mais mudanças desafiadoras. Na vida pessoal, chegou ao fim meu casamento. Minha ex-esposa deixou Porto Seguro e retornou à cidade em que nasceu, Fernandópolis, deixando-me sozinho com meu querido filho Enzo, com menos de 1 ano de idade. Nos negócios, houve agravos. Meu excesso de otimismo inicial com o país me conduzia a caminhos errados: o acordo com a proprietária do clube de praia não foi cumprido. Como resultado, perdi muito dinheiro.

Era preciso recomeçar do zero. Eu tinha no bolso o equivalente a cerca de R$ 15 mil. Era o valor exato – lembro-me bem – para pagar duas passagens aéreas e voltar para a Europa. Ou eu poderia apostar novamente no Brasil.

Pela primeira vez na vida, preparei um currículo, mesmo sem saber por onde (re)começar. Não sabia como e o que fazer. Nunca havia precisado buscar um emprego, pois, até então, o trabalho sempre batera à minha porta. Inexperiente nesse sentido, deparei-me com a necessidade de encontrar uma colocação para mim no mercado. Fui para o Arraial Eco Resort, na época o maior resort da região, onde havia disponível uma vaga no setor de alimentos e bebidas. Consegui uma entrevista diretamente com um dos donos.

A resposta foi negativa. Esse "não" foi a dose de energia que eu estava precisando naquela conjuntura. Decidi ficar no Brasil e voltar a cuidar do fretamento dos voos de turistas. Logo, surgiria um novo (e enorme) problema que me levaria ao La Torre Resort, cuja história contarei adiante.

Por ora, sublinho esses episódios de transformações, evoluções e desventuras para ilustrar o quão elementar foi, para mim, o desprendimento do passado e a coragem de enfrentar os riscos e as incertezas.

Para muitos indivíduos, esses riscos e essas incertezas impõem barreiras psicológicas aparentemente intransponíveis. Incluem um cálculo complexo de custos de cada mudança – como escrevi antes, o jogo de perdas e ganhos que nunca sabemos, ao certo, no momento da mudança, qual será resultado. Todavia, com todos os custos, riscos e incertezas, o pior resultado certamente é o da inércia, da paralisia e da covardia. Como escreveu o célebre escritor mineiro João Guimarães Rosa, "o que a vida quer da gente é coragem".

A VIDA É TEMPO E ESTILO

CAPÍTULO 5

A vida é tempo. É o uso do tempo. É o relacionamento com o tempo. É a valorização do tempo. É o valor que atribuímos ao tempo dedicado às coisas mais ou menos importantes em nossas vidas. Essa convicção ficou ainda mais clara na minha cabeça com a proximidade que tive com a morte. A proximidade da morte pode ter o efeito da vida: a (re)descoberta da valorização da vida e do tempo que você dedica a ela. Mudei radicalmente nesse sentido. Mudei meu modo de lidar com o corpo e também meu ritmo: ele ficou frenético, como se eu buscasse aproveitar cada segundo disponível.

A vida é breve e, por essa e outras inúmeras razões, precisamos dar um sentido, um significado, um valor a ela. Por isso muitos especialistas no assunto dizem que a morte acaba sendo um excelente motivo para buscar um novo olhar para a vida. Desejar olhar a vida de um outro modo, seguir outro caminho, mudar seu estilo de viver ou simplesmente aproveitá-la mais intensamente.

Mesmo para quem não precisou enfrentar o pesadelo de se ver próximo à morte, o algoritmo do tempo é uma dessas complexidades que a vida nos impõe. Isso é especialmente verdadeiro em se tratando da vida contemporânea, mas o problema está longe de ser novo. É repetida à exaustão a expressão *carpe diem*, em latim, cunhada pelo poeta romano Horácio (65 a.C.-8 a.C.), ou "aproveite o dia" e, ainda, em outras palavras, "aproveite ao máximo o presente, o agora".

No Livro I de *Odes*, Horácio aconselha a amiga Leucone: "*carpe diem, quam minimum credula postero*". Em tradução livre, seria: colha o dia de hoje e confie o mínimo possível de amanhã. É um convite para aproveitar o tempo presente, usufruindo intensamente os momentos, sem pensar muito no futuro. Uma premissa baseada na ideia de que a vida é breve e a beleza, perecível. Tendo a morte como única certeza da vida, o presente deve ser aproveitado o quanto antes. E o quanto mais.

O que poucos sabem é que a recomendação de Horácio tinha um contexto histórico preciso: a decadência do Império Romano. Seu lema, portanto, é de um mundo decadente, pronto a desmoronar. Uma espécie de "salve-se quem puder", ou "cada um por si e Deus por todos (ou, no caso romano, os deuses). Viva cada dia como se fosse o último, porque tem prazo para acabar.

Essa expressão ganhou imensa popularidade e exibe um significado especialmente atraente e, ao mesmo tempo, perturbador em uma vida como a nossa – uma sociedade mergulhada na premissa de que tudo é rápido, tudo é imediato. A sociedade do imediato nos impulsiona ainda mais a dizer: aproveite o dia. Viva intensamente. Consuma intensamente. Uma aceleração sedutora, mas perigosa. Sobretudo para os jovens.

Mesmo assim, acredito no valor da intensidade do viver – como eu disse, tenho essa percepção aguçada desde que tive a perspectiva real de morrer. Gosto de pensar como uma igualmente célebre passagem da autobiografia do escritor e filósofo americano Henry David Thoreau, intitulada *Walden ou a vida nos bosques*:

> Fui à floresta porque queria viver plenamente, encarar apenas o essencial da vida, e ver se eu poderia aprender o que ela tem a ensinar, para que, quando chegasse a minha hora, eu não descobrisse que não tinha vivido. Não queria viver o que não fizesse parte da vida, e viver é tão bom; e também não queria me resignar de nenhuma forma, exceto quando fosse extremamente necessário. Eu queria viver intensamente e sugar toda a essência da vida.

É um trecho espetacularmente inspirador para quem deseja aproveitar cada segundo disponível de sua vida. Thoreau escreveu o livro a partir de sua vivência de dois anos, dois meses e dois dias de solidão vividos nas proximidades do lago Walden, na zona rural da cidade de Concord, Massachusetts, nos EUA. Contudo, não pense que ele foi um ermitão naquele período: Thoreau frequentava a aldeia e recebia muitas visitas.

Com ou sem intensidade, a noção do tempo é complexa, quase indecifrável. Em sua conhecida obra *Confissões*, o filósofo Santo Agostinho escreveu sobre a noção que temos do tempo, sem que saibamos defini-lo: "O que é, portanto, o tempo? Se ninguém me pergunta, eu sei; se quero explicá-lo a quem me pergunta, não sei". O tempo, segundo Santo Agostinho, existe em nossas mentes, seja como memória (passado), seja como expectativa. Ele fala em presente do passado (memória), presente do presente (percepção) e presente do futuro (expectativa).

Ao longo da história do pensamento, foram muitas as reflexões sobre o uso do tempo, especialmente a (complexa) relação entre tempo, lazer e trabalho. O filósofo britânico Bertrand Russell chocou o mundo em 1932 ao publicar um ensaio intitulado *Elogio ao ócio*, no qual demonstrava não ver motivo para que as pessoas dedicassem tanto tempo a produzir produtos de consumo que pouco contribuíam para a qualidade de vida e defendia a ideia de que a maioria das pessoas poderia dedicar apenas quatro horas por dia. As demais seriam dedicadas ao lazer.

Mais recentemente, foi o filósofo italiano Domenico De Masi quem ficou famoso ao ver disseminada sua ideia de "ócio criativo". No livro que leva o nome da expressão que cunhou, De Masi afirma que a alegria e a satisfação pessoal no cotidiano aumentam a produtividade, o desempenho e a criatividade no trabalho.

O dia de trabalho regular – em geral de oito horas – foi desenvolvido durante a revolução industrial na Europa do século XIX. Isso configurou-se em uma trégua para os trabalhadores de fábricas que estavam sendo explorados com longas jornadas de trabalho – de quatorze ou até dezesseis horas diárias. Com o avanço de métodos e tecnologias, os trabalhadores de todas as indústrias tornaram-se capazes de produzir muito mais valor em menos tempo. Poder-se-ia supor que isso levaria a uma redução das horas trabalhadas. No entanto, isso não ocorreu. Ao contrário, são cada vez mais fluidos os espaços entre trabalho e lazer, entre ambiente de trabalho e vida pessoal/familiar, assim como é cada vez mais tênue a distância que separa o tempo de cada dimensão de nossa existência.

Minha dedicação ao aproveitamento pleno do tempo não significou focar exclusivamente no trabalho a qualquer preço. Significou, isso sim, ter a consciência dos limites e das potencialidades do tempo, do uso (e do cuidado) do corpo, da energização da mente e da forma. Significou a conciliação permanente entre trabalho produtivo e lazer, a busca por bem-estar, sucesso social e produtividade sem compulsão.

É uma conformidade intrincada, mas hoje tenho a consciência de que é o estilo de vida que faz a sua vida. E seu estilo de vida está umbilicalmente ligado ao seu propósito (ou seus propósitos) de vida, de carreira e de relacionamento com o tempo e com a comunidade que o cerca.

Cada um costuma fazer as escolhas que considera mais adequadas ao seu estilo de vida e, claro, às possibilidades que vê disponíveis para si. Muitos dedicam-se integralmente ao trabalho. Outros, a uma vida mais fútil de prazeres imediatos. Mais alguns dedicam-se a uma vida mais contemplativa. Há quem tenha como ideal de qualidade de vida trabalhar na beira da praia. Outros, uma vida urbana e intensa. Há quem veja alegria e satisfação em poder consumir desenfreadamente. Outros que rejeitam radicalmente.

Os desgastes são tamanhos e os caminhos tão múltiplos que até surgiu uma área da Medicina focada nisso: a medicina do estilo de vida. Trata-se de uma prática que ajuda pacientes e familiares a adotarem e manterem hábitos saudáveis que afetam a saúde e a chamada qualidade de vida. A medicina do estilo de vida acredita que o organismo não pode ser dividido em infinitos compartimentos – portanto, todas as doenças são o resultado de um desequilíbrio do órgão e do sistema afetado, sim, mas também de todo o organismo. A atenção ao estilo de vida como forma de cuidar da saúde passa pela alimentação, pela atividade física, pela qualidade do sono e pelo cultivo de boas relações – além, é claro, de prudência no uso do álcool e na ausência do cigarro.

Sempre busquei encontrar com a maior precisão possível o equilíbrio entre as diferentes dimensões da vida: combinar dedicação intensa ao trabalho de modo a garantir condições financeiras capazes de uma estrutura pessoal e familiar adequada e, ao mesmo tempo, fugir do padrão de um trabalho que restringe as possibilidades de convivência com a família e os amigos.

Esse equilíbrio decorre de nossas escolhas, mas também de nossas próprias características pessoais. São interessantes, por exemplo, as diferenças e os estereótipos regionais. Cheguei à Bahia já com a informação de que o nordestino – e o baiano especialmente – é preguiçoso e prefere trabalhar pouco. O clichê que desenha o baiano deitado na rede não só é de mal gosto; é também uma inverdade. Em 16 anos vivendo na Bahia e convivendo com os baianos, aprendi que, no fundo, ele trabalha ao ritmo da natureza. Se tiver de acordar às 3 da manhã para pescar, ele acorda. Acorda e trabalha durante 10 ou 12 horas seguidas. No entanto, às vezes não trabalha por horas consecutivas, porque sua atividade prossegue conforme a necessidade e o ciclo da natureza.

Preciso admitir que, no início, eu tinha uma enorme dificuldade de entender aquele estilo de vida, que parecia pouco se adequar ao meu modo frenético de viver. Chegando de Luxemburgo, com a cabeça funcionando no ritmo de um relógio suíço, não conseguia entender por que ninguém chegava na hora marcada às reuniões que eu agendava. Ninguém era pontual, não havia compromisso com a precisão do agendamento. Nenhuma das pessoas que eu contratava, por exemplo, tinha plena noção das chamadas 8 horas consecutivas de trabalho. Não viam seu cumprimento como uma ordem natural das coisas. Não tinham um parâmetro mental para perceber que, em determinadas atividades, a rigidez é necessária e inerente ao trabalho.

    Esta é a diferença entre estar em um emprego fixo ou ser um vendedor ambulante, por exemplo. Perdi excelentes colaboradores que preferiram a vida de ambulantes e poder trabalhar em seu próprio ritmo do que se submeterem à lei fixa do horário de trabalho. Contudo, isso não os transforma em preguiçosos, longe disso. Aliás, parece até piada ou delírio chamar de preguiçoso alguém que chega a andar 16 horas por dia vendendo produtos na praia em pleno sol!

    Hoje, os tempos mudaram e a adaptação é muito mais patente. Entretanto, o meu maior concorrente na hora de contratar colaboradores em um resort como o La Torre chama-se "vontade de liberdade". Em relação a isso, há um limite objetivo muito claro: o nível dos salários no Brasil. Conclusão: o salário não pode ser o maior atrativo para atrair talentos. Não é possível treinar mão de obra focando exclusivamente, ou principalmente, na remuneração. Nem em um plano de carreira. É por essa razão que, no meu modelo de negócios, é preciso abraçar a vida dos colaboradores. Buscar entendê-los. Envolver a empresa no contexto social das famílias. Ajudá-los a abrir crédito. Visitar suas casas. Buscar conhecer os padrões de vida e de convivência. O salário pago a eles pode não ser exatamente o melhor ou aquele que gostaríamos de oferecer, mas suficiente para que cada um tenha, por exemplo, refeições dignas e de qualidade. É necessário criar um ambiente propício de estímulo, satisfação, engajamento, produtividade, alegria de estar ali e integrar um projeto mais amplo do que apenas cumprir a equação trabalho-renda.

Infelizmente, no Brasil, muitos empresários desconhecem quem são, o que fazem, como vivem e o que anseiam seus colaboradores. Quando isso ocorre, não adianta dizer, nos encontros corporativos, que os funcionários são a empresa ou que a empresa é uma grande família. É o tipo de declaração falsa, uma conversa para gerar engajamento – quase sempre inútil. Não basta ter uma área de Recursos Humanos estruturada, um departamento de pessoal com uma folha eficiente. É preciso conhecer a história de vida das pessoas, seus pontos fortes, suas fraquezas. Como afirmei anteriormente, é preciso montar uma estrutura e um modelo preocupados com o lado humano de quem está ao seu lado.

A CRISE SOMOS NÓS

CAPÍTULO 6

Crise é oportunidade. Onde há crise, há oportunidade. Máximas desse tipo são repetidas exaustivamente por profissionais e empresas. Um clichê dos negócios e do mundo da autoajuda são as recomendações de como transformar crise em oportunidade. Ideias de quem parece convicto com a premissa de que períodos de crise são momentos propícios para as pessoas e as empresas evoluírem. Segundo tal visão, situações assim estimulam a inovação para vencer desafios e fazer a diferença em cenários desfavoráveis. Há quem recorra à célebre frase de Charles Darwin: "Não é o mais forte que sobrevive, nem o mais inteligente, mas o que melhor se adapta às mudanças".

    Sim, momentos de crise podem abrir caminho para gerar oportunidades. Contudo, essa constatação não é 100% verdadeira. Discordo dela em boa parte dos casos. O mais comum, infelizmente, é as crises abrirem caminho para oportunismos – e não oportunidades. Costumo dizer que, se toda crise gerasse oportunidade, não faltaria gente para migrar para regiões em crise permanente. A Venezuela estaria cheia de aproveitadores de oportunidades. O sertão nordestino seria uma fonte de imigração, e não de emigração. Ao contrário do que se postula, no mundo inteiro as pessoas fogem de crises em seus países em busca de melhores oportunidades. Têm a convicção, acertada, de que a vida pode melhorar em um outro ambiente. E não em um ambiente de crise.

    Sejamos verdadeiros: o que gera oportunidade é uma economia saudável, ou uma economia em fase de desenvolvimento, em um país onde há segurança, garantia de emprego e onde o dinheiro circula. É por isso que associo oportunidade a oportunismo. A oportunidade em momentos de crise aparece, geralmente, para quem já tem dinheiro, e não para quem está desempregado, tem dois filhos e precisa vender algo rapidamente para poder sobreviver. Oportunidade é para alguém, por exemplo, que pode comprar um apartamento a um preço bem mais barato, porque o vendedor, em crise, topa vender a um valor menor do que gostaria.

    Costuma-se dizer que um lado positivo da crise é que os menos competitivos desaparecem e sobram os melhores. É uma lógica correta? Não tenho certeza. Em uma crise, um monte de gente competente perde força. Várias empresas de qualidade fecham suas portas. Pessoas e empresas que confiaram na economia e puseram seu patrimônio em risco podem perder para a crise – e não necessariamente por incompetência ou má gestão. A crise mata os ruins, mas também pode matar os bons. Tudo vai depender do ciclo econômico e financeiro no qual a empresa está no momento do recesso.

É verdade, no entanto, que a crise pode também despertar as pessoas para a ação. Crises individuais (aquelas motivadas por inquietações internas, momentos de redefinição de vida) ou crises coletivas (como as crises econômicas) são períodos essenciais de transformação e adaptação. Aliás, essa é uma qualidade que aprendi a admirar entre os brasileiros. Aqui, as pessoas são menos afetadas moralmente com o rebaixamento do nível de vida. Se, há dois ou três anos, tinham condição de ter um carro mais novo e hoje não a têm, as pessoas abrem mão do conforto, adquirindo um carro mais barato ou mesmo se desfazendo dele. Essa capacidade de adaptação é uma das grandes forças da economia brasileira. Não vejo nos europeus essa mesma capacidade de ser rebaixado economicamente e não entrar em depressão.

A convivência constante com as crises econômicas certamente explica essa capacidade do brasileiro. Os anos recentes – 2014, 2015 e 2016, especialmente – protagonizaram um novo capítulo da história dos ciclos econômicos do país, a ponto de várias pessoas compararem as dificuldades atuais com as do passado, amenizando a gravidade desse momento.

É preciso separar os ciclos econômicos do Brasil entre antes e depois do Plano Real – o programa concebido com o objetivo de estabilização econômica, iniciado em 27 de fevereiro de 1994, e que instituiu a Unidade Real de Valor

(URV), estabeleceu regras de conversão e uso de valores monetários, iniciou a desindexação da economia e determinou o lançamento de uma nova moeda, o real. Até porque toda uma geração até os 30 anos de idade não vivenciou pessoalmente os violentos ciclos de inflação anteriores. Agora, estamos entrando no pior ciclo econômico pós-Plano Real.

Não existe solução milagrosa para agir em tempos de crise, mas uma ação é necessária. Escrevi um artigo em que defendi o papel do empresário, hoje em posição importante para ajudar o Brasil a sair da crise. O empresário é o elo criativo que vai achar a saída que políticos não conseguiram encontrar. Precisamos entender que a solução dificilmente virá dos políticos, mas, sim, da inteligência e da criatividade das empresas brasileiras.

O maior aliado do empresário em época de crise é seu colaborador. Ele deve ser sensibilizado em relação às dificuldades que a empresa está enfrentando ou pode vir a enfrentar. O colaborador é o maior usuário da empresa, pois passa oito horas por dia ali, trabalhando. Sabe mais do que o dono ou o diretor-geral onde estão os desperdícios e como evitar perdas. Cada economia, até mesmo, as do tamanho de um alfinete, serve nessa hora, assim como teorizado pelo pai da economia, Adam Smith. É preciso criar uma filosofia de economia de custos constante, que seja fortemente entendida e compartilhada entre os colaboradores. Vários métodos de sensibilização podem ser utilizados iniciando por pequenas reuniões de grupos setoriais. Essa metodologia é delicada, e os líderes devem ser muito bem instruídos sobre como transmitir o recado.

Existem alguns erros que não podem ser cometidos: não se deve jamais transmitir o sentimento de que os colaboradores podem perder o próprio emprego. Caso algum colaborador queira falar sobre desemprego, os líderes devem fazer alusão aos amigos e parentes do colaborador que não estão achando emprego e mostrar que, se a empresa crescer, poderá ajudar outros a se recolocarem. O segundo erro é cortar os benefícios dos colaboradores. Seguindo esse caminho, eles jamais irão entender que devem ajudar a empresa. O único caso possível de redução de benefícios pode se justificar se tiver como fundamento evitar cortes de efetivos. Nesse caso, porém é preciso explicar com a máxima persuasão o motivo para que todos se sintam parte dessa honrosa atitude.

Algumas empresas enfrentam a crise com um dinheiro de reserva acumulado nos últimos anos. Todo verdadeiro empresário coloca seu patrimônio na sua empresa para salvá-la, mesmo correndo o risco de ficar sem nada caso dê errado. Já escrevi em artigo e reafirmo aqui: capitão de empresa não deixa sua conquista afundar pulando do barco.

A grande questão é: como aplicar esse recurso limitado para trazer resultados? Aconselho investimentos em novas tecnologias. É preciso simplificar os procedimentos e reforçar a segurança da gestão dos estoques e das informações. Ainda circula muito papel dentro de empresas que poderiam ser automatizadas. A presença de papel demonstra deficiências no método de trabalho. Aproximadamente 35% das empresas estadunidenses adotaram medidas efetivas para a redução do uso de papel, de acordo com um levantamento elaborado pela AIIM, organização não governamental que reúne profissionais de informação.

De acordo com Jorge Edison Ribeiro, especialista em gestão de processos, falou ao *Gazeta do Povo* que ainda não há um estudo preciso sobre os hábitos de consumo de papel no ambiente corporativo no Brasil, mas ele percebe uma proporção semelhante ao que ocorre nas empresas estadunidenses nos escritórios em Curitiba. Ribeiro destaca que, em um mundo tão digital, muito papel ainda está sendo desperdiçado por falta de costume em lidar com novas práticas no cotidiano de trabalho. Assim, 45% dos documentos escaneados acabam sendo impressos. Muitas pessoas ainda se sentem mais confortáveis com o documento físico ou sofrem da síndrome de São Tomé: precisam tocar para acreditar. "O que freia o processo de redução de uso de papel é a falta do conhecimento das tecnologias existentes", aponta Ribeiro.

Em um mundo hiperconectado, soluções de conectividade têm mais eficiência que obras físicas. Por exemplo: atualmente, proporcionar conexão *wi-fi* para os clientes é mais importante do que uma reforma do ambiente. Primeiro a internet, depois o conforto. Esse é o fator decisivo de muitos hóspedes ao escolher um hotel. Após fazer o *check--in*, a primeira coisa que um hóspede pergunta é a senha do *wi-fi*, que, para um hotel, é importante que seja livre. Em um recente estudo com 10 mil hóspedes entrevistados, 40% afirmaram que a pior coisa que pode acontecer em sua viagem é ficar sem internet, praticamente incomunicável, longe da família e dos amigos. No comércio, abrir uma loja *on-line* pode ser mais interessante do que abrir outra filial para tentar duplicar os negócios, pois a flexibilidade do meio virtual permite atingir novos mercados.

O reflexo da maioria dos empresários é similar. A atitude vai mudar conforme o grau de conservadorismo do perfil empresarial. Com a proliferação de notícias negativas, o medo toma conta dos negócios e qualquer queda de receita será vinculada à crise econômica. Poucos percebem que talvez o problema esteja ligado à própria deficiência do serviço prestado. A crise ajuda até na autoestima de alguns empresários que assim podem justificar sua incapacidade comercial. Bizarro, mas é assim mesmo.

Geralmente, em tempos de crise, o foco principal do empresário vira o cliente. É um discurso clássico: "Não podemos perder nenhuma venda". É correto, mas não se pode ignorar o fato de que, nesse cenário, o cliente vira oportunista, mesmo o mais fiel. Também é normal que, em períodos econômicos difíceis, as empresas cortem custos e fiquem mais agressivas comercialmente. Nesse panorama, é preciso seguir um caminho diferente, senão a probabilidade de ser notado nessa avalanche de promoções é mínima. Seguir o padrão de "salve-se quem puder" significa correr rumo a um possível desastre. É o momento de buscar ser diferente e criativo. Os varejistas fazem isso muito bem: comprar um litro de amaciante e ganhar 100 mL grátis é mais eficaz do que oferecer 10% de desconto. "Culpa da crise: é a justificativa de alguns incompetentes", diz o mestre em comunicação e consumo pela ESPM, Marcos Hiller.

NOTES

PARTE 2

A COMUNIDADE

A COMUNIDADE É O REFÚGIO CONTRA A TURBULÊNCIA

CAPÍTULO 7

Em um livro publicado no início de 2017, intitulado *Quem sou eu para julgar?*, o papa Francisco faz um alerta contra o individualismo. Reproduzindo uma mensagem de 2014, ele diz: "Ninguém vence sozinho, nem em campo, nem na vida". O "individualismo difuso", afirma o papa, nos separa e nos põe um contra o outro. Provoca guerras, violência, cizânias. Impõe divisões e alimenta ódios. Aumenta tensões entre países ou entre grupos sociais. Abre feridas e impede que cicatrizem.

Não é preciso ser católico ou cristão para concordar com o papa.

Acrescento: o individualismo é uma arma letal contra a solidariedade, a doação, o amor e a vida em sociedade. O individualismo não só nos limita, como também nos torna imunes ao que nos cerca, deixando-nos cegos diante dos problemas ao nosso redor e, especialmente, diante das possibilidades rumo às soluções e aos avanços da civilização.

Sedimentei essa visão de mundo e de sociedade diante do que vi e vivi ao longo dos anos. E, sendo assim, não tenho dúvida: a comunidade é o melhor e maior refúgio contra as turbulências, as crises, as dificuldades, as incertezas e os pesadelos – pequenos e grandes – do dia a dia.

Quando precisei encontrar força, criatividade e trabalho para (re)erguer um empreendimento, foi na comunidade de colaboradores que encontrei o refúgio ideal para seguir em frente e alcançar o sucesso. Quando, à frente do La Torre Resort, executo a missão cotidiana de liderar o crescimento do resort e a sustentabilidade do turismo da região de Porto Seguro, é na comunidade ao redor que está a chave e a garantia do desenvolvimento do negócio.

Não haveria o La Torre Resort sem mim, como a pessoa que lidera o negócio. No entanto, mais importante do que isso é saber que não haveria o La Torre Resort sem os colaboradores. E ainda: não haveria o La Torre Resort sem os turistas. Também não haveria o La Torre Resort sem que a comunidade da região se sentisse copartícipe do empreendimento – feliz com o seu crescimento, atuante e beneficiária do seu sucesso.

Um bom negócio não prospera se a comunidade que o cerca vai mal. E vice-versa.

Alguns capítulos atrás contei por que, no meu modelo de negócios ideal, é preciso abraçar a vida dos colaboradores. Buscar conhecer suas vidas, sua história, suas limitações e suas potencialidades. Ressaltei o quanto é preciso envolver a empresa no contexto social das famílias que integram a empresa.

Uma das minhas maiores frustrações na Europa, razão pela qual eu não me sentia realizado, passava longe da ideia de que me faltava emprego, *status* ou realização financeira. A frustração tinha um cunho fortemente pessoal: uma convivência difícil com o modelo de administração com o qual me deparava. Meu sonho era criar um modelo de negócios capaz de entender mais o ser humano, que me permitisse rever o relacionamento que um empresário e empreendedor tem dentro da cadeia produtiva de sua empresa. Na Europa, eu não tinha o devido retorno quanto a isso.

Admito que não é a melhor forma no curto prazo, porque não é a mais lucrativa. Dedicar tempo, energia, esforço e dinheiro para algo que, aparentemente, não seja o estrito negócio exige paciência para esperar os resultados de um investimento em algo que só trará retorno ao longo do tempo.

Além disso, ninguém acredita muito no empreendedor que se preocupa em demasia com os outros. A valorização maior reside no tipo de líder individualista, capaz de superar, feito um herói solitário, os maiores desafios de si mesmo e de seu negócio. São comuns os casos de desconfiança – de colaboradores e suas famílias, fornecedores que integram a cadeia produtiva, moradores que vivem ao redor do empreendimento. As pessoas tendem a enxergar, nas palavras de solidariedade e preocupação, um gesto falso, ou seja, apenas para parecer bonzinho ou obter benefícios com palavras jogadas ao vento.

No Brasil, isso pode se tornar ainda mais complicado. Quando cheguei aqui, o empresário tinha uma posição de prestígio generalizado. Era visto como aquele que gerava emprego e renda e contribuía para o desenvolvimento de uma cidade, de um estado ou do país. Entretanto, no Brasil, é comum enxergar o empresário, especialmente aquele que vê seu negócio crescer e se multiplicar, como o único que efetivamente ganha muito dinheiro. Poucos se dão conta, por exemplo, que foi o empresário quem investiu, quem se arriscou.

Palavras são fáceis de serem ditas. Difícil é transformar as palavras em fatos e resultados. Todos podem falar em democracia social, mas demonstrá-la é demasiadamente complicado. Apesar dos dissabores do curto prazo, os ganhos são mais consistentes e longevos no longo prazo. É preciso persistência e método, de modo que as palavras do empreendedor preocupado com a comunidade se convertam em fatos, em evidências concretas capazes de mobilizar os beneficiários diretos e indiretos.

Há também o outro lado da história, enfrentado por muitos empreendedores: quando as boas intenções e as boas ações esbarram no abuso dos próprios colaboradores, que acabam buscando tirar vantagem do empreendedor. É preciso persistir muito e, sobretudo, ouvir bastante as pessoas com as quais você trabalha – incluindo funcionários, terceirizados, clientes e fornecedores.

Foi assim que construí e consolidei um modelo que espreito o tempo inteiro. Eu ajo conforme o que digo e, em minhas palestras e nas reuniões internas do La Torre Resort, costumo repetir: equipe é tudo! Um modelo de negócios de sucesso se constrói em equipe. A dica que dou a muitos empreendedores é que não considerem somente o núcleo da empresa, mas também as famílias dos colaboradores. Foi desse modo que se criou um ambiente que chamei de propício ao estímulo, à satisfação, ao engajamento, à produtividade e, primordialmente, à alegria de estar ali e integrar um projeto mais amplo do que simplesmente cumprir a equação trabalho-renda.

É preciso pensar na dimensão social da gestão de um negócio. Como cidadãos, empresários podem assumir uma espécie de educação dos seus colaboradores. Vejo isso como uma missão que recusa tanto o vitimismo quanto o assistencialismo – dois extremos que fazem mal tanto às empresas quanto aos funcionários.

De um lado, há aqueles que veem nos programas sociais um imperativo para que se dê tudo a quem precisa, criando um excesso de facilidades e generosidades que só dificultam o desenvolvimento dos colaboradores e da comunidade em geral. De outro, há quem prefira o inverso: tira-se tudo, elimina-se qualquer programa social por serem vistos como mero assistencialismo.

Tenho a convicção de que nenhum dos extremos é satisfatório – daí a ênfase em negar aos que precisam de ajuda a ideia de que são vítimas (do sistema, dos governos, dos empresários gananciosos, da falta de sorte). Não adianta partir para o assistencialismo puro e simples, concedendo direitos sem a devida contrapartida para garantir que o esforço, o mérito, a competência e o crescimento sejam recompensados.

A premissa que procurei sempre adotar é de que muitos precisam de ajuda, mas toda ajuda deve ser consciente, e não uma fonte de desperdício de dinheiro, de energia e de oportunidades. Sinto falta, no Brasil, de um programa educacional realmente efetivo, capaz de despertar a responsabilidade do consumo consciente dos serviços públicos. Precisamos despertar o sentimento de que tudo que é público é de todos, e não de ninguém. Por isso devemos cuidar. Sem isso, nunca vamos melhorar de fato.

Foi com essa concepção que, em sua história, o La Torre Resort viu nascer, evoluir e sedimentar uma série de programas sociais para seus colaboradores e para a comunidade que cerca o resort. Hoje, um dos grandes orgulhos dos funcionários é que eles têm crédito em toda a cidade de Porto Seguro. E têm crédito porque a cidade sabe que o dinheiro é garantido, o emprego é garantido, e há um certo *status* por trabalhar na empresa.

A propósito, um dos maiores programas foi uma política de concessão de crédito oferecido pelo próprio resort.

É um projeto de microcrédito para os colaboradores do La Torre Resort: R$ 500 mil da reserva do caixa ficam bloqueados para microempréstimos sem juros. Oferecemos um empréstimo, devolvido sem juros no prazo definido pelo próprio colaborador – em geral, 12 prestações. Quando a pessoa termina de pagar o empréstimo, volta a ter o crédito para novas despesas.

Esse projeto foi concebido quando, um dia, um colaborador me procurou desesperado, pedindo um adiantamento para colocar piso em sua casa. Conversando com ele a respeito desse empréstimo, me deparei pela primeira vez com a realidade dos juros abusivos cobrados no comércio local: uma obra de R$ 300 sairia quase três vezes mais cara em poucas parcelas mensais. O problema era dele? De jeito nenhum. Se um colaborador se sente pressionado por uma dívida, ele vai trabalhar mal, recorrerá a um agiota e os pagamentos atrasados vão virar uma "bola de neve" que vai prejudicá-lo – a si e à sua família, com impacto direto sobre o meu negócio. Logo, o problema também era meu. Fui à loja e negociei um pagamento à vista. O material saiu por R$ 200. Propus ao empregado que me pagasse em parcelas sem juros, para não o afogar com as prestações.

Concluída a compra, levei o desafio para a área financeira: criar um procedimento sistematizado para empréstimos aos colaboradores que precisassem. Definimos as regras (o crédito vale para os casos de saúde da família, construção civil e educação) e os valores (iniciamos o programa com uma cota de R$ 400 e fomos subindo gradativamente até chegar à cota atual, entre R$ 1.200 e R$ 2.000). Como funciona? O trabalhador traz um orçamento de uma reforma, de um laboratório ou de uma escola e submete à direção da empresa para ser aprovado. Resultado: a empresa deixa de ganhar em torno de R$ 50 mil por ano, já que o dinheiro fica bloqueado para disponibilizar o crédito aos funcionários. No entanto, o impacto desses R$ 50 mil nos permite lucrar muito mais.

    Como já ressaltei, não basta, porém, dedicar-se somente ao núcleo de trabalhadores dentro da empresa. É preciso atentar-se aos arredores. Foi pensando assim que fizemos um longo trabalho de formação e acompanhamento dos ambulantes que circulam na praia. Nós os treinamos sobre como abordar os hóspedes e valorizá-los como fonte de renda, além de estabelecer um relacionamento de confiança entre os ambulantes, o resort e os hóspedes. Criamos um espaço para os ambulantes, onde eles podem descansar e fazer refeições. Definimos regras até para a intermediação de pagamento aos ambulantes – são comuns os casos em que os hóspedes não têm dinheiro trocado ou em espécie na praia, adquirem produtos com os ambulantes e estes recolhem o pagamento no próprio resort.

Outra projeção de sucesso deu-se com a venda de água de coco na praia em frente ao La Torre Resort. Tínhamos um fornecedor de coco verde, que acabava gerando volume suficiente para criar um lixo gigantesco e um profundo problema de manipulação. Um dia, fui à fazenda do fornecedor junto com uma bióloga, um nutricionista e a equipe de manutenção. O resultado da conversa foi a construção de um espaço na fazenda para a higienização dos cocos. Concebemos o espaço e executamos a obra por meio de um acordo de adiantamento e de permuta de produto. Em menos de dois anos, ele ampliou a fazenda e se transformou em um empresário bem-sucedido.

Com essa preocupação de investir na educação e na formação dos negócios que nos cercam, muitos funcionários acabaram virando fornecedores. Um deles, por exemplo, montou uma lanchonete na frente da sede dos colaboradores. Outro fez um mercado no qual vende produtos a prazo, pagos pelos funcionários na data em que a empresa paga os salários.

Toda essa preocupação parece óbvia, mas infelizmente não é. Em volta de toda empresa, há um mercado paralelo de geração de outros negócios e, portanto, tudo o que está ao redor da empresa é - ou deveria ser - fonte de preocupação dos empresários. Não se pode achar que o seu negócio se restringe às partes internas do seu empreendimento. Vai bem além disso.

Enquanto trabalhava na finalização deste livro, concluíamos a construção de um refeitório para os colaboradores e de um programa de educação para o consumo consciente. O princípio é: coma o quanto quiser (a comida oferecida aos nossos colaboradores é gratuita), mas não desperdice. O programa inclui a educação e também a fiscalização do comportamento de cada um pelos próprios funcionários. Cada um ajuda a fiscalizar o comportamento do outro. O mesmo consumo consciente vale para o uso de material de escritório, produtos de limpeza, papel para impressoras. Ter a noção do desperdício, saber o preço dos produtos, entender o valor dos alimentos, reconhecer a importância da higiene, enfim, tudo isso nos ajuda a eliminar excessos e ingressar no ciclo de crescimento.

Depois de um primeiro curso de capacitação que envolveu 100% dos quase 420 colaboradores do La Torre Resort, foi assinado um Termo de Acordo e Compromisso (TAC) relativo ao uso e ao consumo consciente dos recursos. Assim dizia o documento:

> Nós, colaboradores do La Torre Resort All Inclusive, da Praia do Mutá – Porto Seguro – Bahia, na condição de profissionais conscientes de nossas responsabilidades com a sustentabilidade do meio ambiente, o

> bem-estar de todos e o sucesso da empresa, nos comprometemos a fazer o uso e o consumo consciente de nossos recursos, sejam eles naturais ou de qualquer espécie, pois temos a certeza do quanto isso é fundamental para garantir as condições de sobrevivência da empresa e de todos nós.

As capacitações oferecidas têm o objetivo de sensibilizar cada colaborador sobre as consequências do mau uso de suas ferramentas, material, alimentos e fontes de energias. A sustentabilidade é, acima de tudo, coletividade! Não dá para pensar em resultados eficientes em matéria de meio ambiente, qualidade de vida e redução de custos se não pensarmos de forma ampla, trazendo o debate ao nosso dia a dia. Ter um comportamento sustentável significa, principalmente, convencer as pessoas que nos cercam a adotar esse mesmo modo de viver, em que pequenos gestos realizados por um grande número de pessoas são capazes de promover grandes transformações.

De acordo com o Ministério do Meio Ambiente, o consumidor consciente é aquele que, ao escolher seus produtos, leva em conta a preservação do meio ambiente, a saúde humana e animal, as relações justas de trabalho, além de questões como preço e marca. O consumidor consciente sabe que pode ser um agente transformador da sociedade por meio dos seus hábitos de consumo; sabe que esses atos impactam e que mesmo um único indivíduo, ao longo de sua vida, produzirá um efeito significativo na sociedade e no meio ambiente.

Mudança de comportamento é uma das missões mais difíceis em qualquer organização – seja em um resort em Porto Seguro, em uma indústria pesada no Rio de Janeiro ou em uma empresa de tecnologia em São Paulo. É essencial ter consciência de que a introdução de conceitos adequados à empresa ajuda também a mudar as pessoas em seus ambientes familiar e social. Se o trabalhador aprende uma nova forma de higienização e entende essa norma não como uma imposição, mas como um aprendizado, inevitavelmente ele levará esse novo conhecimento à sua casa.

Com esse círculo de causa e consequência, quem ganha é a comunidade, que é o nosso maior refúgio.

O EMPREENDEDORISMO SOCIAL E O MITO DO LUCRO

CAPÍTULO 8

No capítulo anterior, falei bastante da dimensão social da gestão da empresa; da importância de enxergar não só o núcleo central do negócio, mas tudo aquilo que o cerca; do papel essencial da comunidade como refúgio contra as turbulências do dia a dia; e do efeito transformador da educação e da formação de hábitos dentro das empresas, com efeito direto sobre a família e a comunidade. Nada disso, porém, terá eficácia se não existir empatia entre empresa e trabalhador.

Primeiramente, não há empatia sem compaixão. E compaixão é um dos conceitos mais interessantes. É um sentimento presente no cristianismo e em todas as religiões monoteístas, bem como no budismo. Entretanto, vale levar em conta a tese sobre individualismo do papa Francisco: não é preciso ser cristão ou religioso de qualquer espécie para reconhecer a importância do "sentir junto" que só a compaixão estabelece. Sentir pelo outro a possibilidade de empatia. Sentir que o outro faz parte de sua história.

Sentir compaixão é diferente de pena e piedade. A pena é um sentimento de superioridade. Por exemplo: "Eu estou bem, mas aquele mendigo, ou aquele doente, sofre e está pior do que eu. Logo, eu sinto pena". Pensar dessa maneira não significa ter um sentimento negativo, mas estabelece uma condição de superioridade.

Na compaixão, isso não acontece; não nos sentimos superiores, mas, sim, iguais. Compaixão significa compreender que a pessoa que sofre ou que está em um nível hierárquico e/ou financeiro inferior faz parte da mesma natureza que a sua própria pessoa. É perceber que aquele que sofre ao meu lado, seja por doença ou por necessidade econômica, está em uma situação que já ocupei ou poderia ocupar. Não há ninguém acima ou abaixo de outro; e todos estão no mesmo patamar da humanidade.

Uma outra dimensão da empatia relaciona-se à liderança. Quem não sente empatia exibe uma enorme dificuldade de existir no mundo. Torna-se uma pessoa blindada, fechada, incapaz de sentir a dor de um conhecido ou de um desconhecido. E, para um líder, é essencial entender, de fato, as pessoas. Dessa forma, a definição de empatia, por si só, já denota a intensidade desse fundamental sentimento para qualquer líder: é a capacidade de colocar-se no lugar do outro, identificar-se com as necessidades de seu interlocutor. Por isso eu digo que a empatia é mais do que uma ferramenta de *marketing*, é um modo essencial para empreender.

Por outro lado, esse requisito esbarra ligeiramente em outra diferenciação. Uma vez que a capacidade de ouvir é uma das maiores dificuldades das pessoas, quase sempre estamos prontos para ser simpáticos e responder a tudo e a qualquer impulso que recebemos, mas nem sempre há tempo hábil para compreender verdadeiramente tanto a informação quanto a pessoa, ou seja, para ser empático.

Não basta ser simpático, visto que a simpatia se limita à vontade de estar junto. A empatia é um grau mais profundo que isso, pois envolve um lado emocional mais acirrado, gerando uma vontade de se envolver com as pessoas.

Especificamente para um líder, é indispensável ter empatia na forma de se expressar, pois o impede de ser ostentoso e limita o seu discurso a um embasamento mais racional. Além disso, serve como mediação do ânimo em querer falar demasiadamente e, assim, ajuda a focar melhor no contexto. As pessoas sempre têm algo importante a dizer e um líder precisa se atentar à essência e ao conteúdo daquele discurso. Veja um bom exemplo: segundo Marcelo Pimenta, professor de pós-graduação da ESPM e jornalista, no mundo digital a empatia é um assunto crucial, já que o principal objetivo dos aplicativos é resolver o problema dos outros.

Portanto, é preciso sempre compreender as necessidades de seu consumidor ou de sua equipe, "ir além" e estabelecer um relacionamento mais profundo com eles. Somente a empatia poderá tornar o líder mais sensível às transmutações do ambiente e dos indivíduos. Ademais, esse tipo de mudança é cada vez mais impactante, tornando a empatia uma das principais competências de um empreendedor. Como diz o psicólogo Mark W. Baker, "a maior expressão de empatia é sermos compreensivos com alguém de quem não gostamos".

Voltarei ao tema da empatia ao explorar um pouco mais o papel do (novo) líder. Por ora, basta dizer que, no meu negócio, procuro difundir a ideia de que todos estão juntos e têm o mesmo foco. Desse modo, o conceito de rivalidade some. A autoestima cresce. A eficiência aumenta. Exercitamos essa sensibilidade, que é o que torna a vida social possível. Tentamos ser mais humanos.

Ao sermos mais humanos, completamos o círculo da percepção de que a comunidade é o nosso maior e melhor refúgio. Um refúgio consolador para nossa existência diante de tantas turbulências no mundo que nos cerca.

O movimento que hoje valoriza muito mais o empreendedor é resultado dessa percepção crescente entre nós. Por isso defendo persistentemente essa categoria, especialmente os empreendedores sociais (*social business*). A diferença entre o empreendedor social e o empresário no sentido clássico é que o primeiro propaga o lucro da empresa ao efeito social que produz. Ele leva em conta uma sustentabilidade mais incisiva. Busca uma real melhoria na sociedade, e não apenas na sua empresa.

Como já ressaltei, não há empresa que se desenvolva sem que a comunidade que o cerca se desenvolva junto.

Sendo assim, um empreendedor social não pensa apenas em maximizar seus lucros. Em um país como o Brasil, com deficiências sociais históricas e profundas, o empreendedor exerce um papel fundamental. Aqui, o empresário deve abraçar a causa do brasileiro. Não pode se comportar como uma multinacional, sem sentimento e sem terra de origem.

Existem duas formas de contribuir: com doação, sem um fim próprio, e com ações sociais sustentáveis. O primeiro caso resulta inevitavelmente em assistencialismo, a meu ver, uma ação quase inútil, que apenas prolonga o tempo de agonia de uma pessoa. Se você pode doar comida para uma pessoa necessitada, ela reage feliz à sua ajuda. No entanto, se ninguém lhe oferecer comida nos dias seguintes, ela ainda morrerá de fome. Por outro lado, se você ensina essa mesma pessoa a plantar, ela será capaz de se sustentar pelo resto da vida. Pode parecer clichê, mas é um clichê absolutamente verdadeiro: é preciso criar conceitos que possam mudar a sociedade, e não a transformar em uma sociedade assistencialista. O programa de microcrédito para os colaboradores, que descrevi no capítulo anterior, baseou-se nessa premissa.

Há alguns anos, em uma entrevista à revista *Época*, Muhammad Yunus, o famoso economista e banqueiro nascido em Bangladesh e ganhador do Prêmio Nobel da Paz em 1996, disse: "Dar dinheiro para os pobres mascara a miséria".

Segundo ele, o empreendedorismo é uma solução mais eficaz do que programas assistencialistas. Yunus sabe do que fala: ele foi um visionário ao apostar na concessão do microcrédito e no empreendedorismo para reduzir a miséria em Bangladesh, onde vive até hoje.

Nos últimos anos, tornaram-se comuns as expressões empresa social ou empreendedorismo social. É como se uma nova espécie de empreendedores tivesse visto, apenas agora, a luz do sol. Na realidade, o objeto ao centro do debate não é novo, o que é novo é o interesse dedicado a uma certa classe de empresas definidas como sociais.

Para Richard Olsen, cofundador da Oanda Corporation e da Lykke, Inc., "quem persegue somente o dinheiro não tem o fôlego longo de que se precisa para tornar-se empresário de sucesso".

Falar de empreendedorismo social pode parecer uma contradição. Apesar da nobre origem da palavra empreendedorismo, no imaginário coletivo o papel do empreendedor é frequentemente associado ao de capitalista e industrial – duas palavras comumente ligados à ideia de um indivíduo que persegue cegamente os próprios interesses e que tem como único alvo a maximização do lucro.

Como pode, portanto, o empreendedorismo valer como um modelo de mudança social?

Para demonstrar que a percepção do empreendedorismo obcecado por dinheiro é falsa e datada, há muitas pesquisas sobre a maximização do lucro como fator motivacional entre os empresários de sucesso. Liv Kirsten Jacobsen, professora universitária e consultora empresarial de Berlim, conduziu pesquisas aprofundadas nesse setor e afirma que, frequentemente, entre os neoempreendedores, a aspiração ao alcance do lucro é uma motivação marginal em relação a outros fatores não econômicos, como demonstrar as próprias capacidades, pôr em prática as próprias ideias e alcançar um estado de bem-estar psicofísico que tome a forma da satisfação pessoal. De acordo com Jacobsen, na hora de escolher se tornar um empreendedor, o sentimento recôndito de atingir um alvo é mais incontestável do que o desejo de enriquecer ou de melhorar sua própria condição econômica.

Na mesma linha de Jacobsen, o economista e empreendedor alemão Günter Faltin, em seu livro *Brain versus capital* (*A engenhosidade vence o capital*, em tradução livre) afirma que uma exclusiva propensão aos negócios e ao lucro se revela um "freio inibitório" para o sucesso empresarial. Neste começo de século, as empresas de sucesso não convencem somente por meio de uma gestão empresarial racionalizada, mas também por ideias inovadoras, atitudes responsáveis e sensibilidade para os valores da sociedade que está à sua volta.

Em outras palavras, contrariando os padrões e os prejuízos, o dinheiro não constitui um impulso primário para os empreendedores. Ao contrário: hoje, há boas razões para declarar que o empenho social em favor de uma boa causa multiplica as possibilidades de sucesso de uma empresa e, não as diminui, como alguns acreditavam.

O empreendedorismo social pode ser definido como a capacidade do empreendedor de conectar-se com um plano profundamente diferente daquele ligado aos interesses econômicos. O maior desafio do empreendedor social é conseguir derrubar a distinção entre o setor público e o setor privado, conectando ambos em um plano que tenha como objetivo a solução dos problemas de interesse comum. Do ponto de vista do empreendedor social, o poder público é habitualmente considerado ineficiente em razão de sua administração burocrática e lenta.

Acredito que o empreendedor se torna social quando transforma o capital social de tal forma que afeta positivamente a sociedade, defendendo a sustentabilidade de suas atividades em busca de um futuro melhor.

Historicamente, começou-se a falar de empreendedorismo social no final da década de 1980, mas, até poucos anos atrás, o setor era limitado às organizações não governamentais.

Mais recentemente, o empreendedorismo social ganhou uma nova referência ligada à inovação: as *startups*.

Esse novo mundo surgiu, principalmente, a partir do momento que a Comissão Europeia decidiu inserir o *social business* no plano de resgate da competitividade europeia. No ponto central desse novo interesse, impõe-se uma pergunta: como utilizar os modelos de *social business* para revitalizar o tecido empresarial em um momento de forte crise?

A Comissão Europeia definiu as principais características da empresa social:
- não ter como objetivo principal a maximização do lucro, mas alcançar um impacto em nível social;
- operar no mercado por meio da produção de bens e serviços de maneira inovadora;
- utilizar o superávit para alcançar os próprios objetivos sociais;
- ser administrada por empreendedores sociais de maneira transparente e responsável, especialmente por meio do envolvimento de colaboradores, clientes e investidores.

A nossa sociedade precisa de empreendedores sociais capazes de utilizar as novas abordagens na economia, a fim de pôr em prática respostas adequadas a problemas novos e complexos.

Muhammad Yunus, já citado aqui, é um ótimo exemplo de empreendedor social. No Grameen Bank, de Yunus, o microcrédito revolucionou a compreensão e os procedimentos da concessão dos créditos. Antes de Yunus, as pessoas pobres eram consideradas clientes não rentáveis para os bancos e, portanto, não merecedores de crédito, já que, dentro do sistema bancário tradicional, os pequenos créditos causam elevados custos administrativos. Adicionalmente, ninguém acreditava que os pobres possuíssem capacidades empreendedoras.

Yunus criou um sistema absolutamente novo. Demonstrou que o risco de crédito aos pobres não era tão elevado e que é possível criar uma organização capaz de se autofinanciar em grande parte, impondo e recebendo juros. Afirmou, também, que esse sistema poderia ser aplicado em nível internacional. Quem conhece a história de Yunus sabe que tudo começou com o valor ("ridículo", para nós) de US$ 27, com os quais ajudou 42 mulheres a criarem microempresas; portanto, utilizou 50 centavos de dólar (US$ 0,50) por projeto. Todos esses créditos foram devolvidos, sem exceção.

No Brasil, um verdadeiro exemplo de modelo de empreendedorismo social é a Yunus Negócios Sociais (https://www.yunusnegociossociais.com).

Muitas pessoas que acreditavam que as organizações sem fins lucrativos deveriam viver de doações já mudaram de ideia. É nítido que qualquer organização, para se sustentar, deve gerar renda de alguma forma. O sistema de assistencialismo social está praticamente falido e, até pouco tempo atrás – falo de um período de menos de 20 anos –, era impensável que uma associação sem fins lucrativos pudesse ter uma visão "empresarial". Atualmente, é preciso ser financeiramente sustentável para que a renda possa ser utilizada para as finalidades que a organização se propôs.

"As ideias dos empreendedores devem ser ligadas aos problemas da sociedade", afirma Gareth Morgan, teórico organizacional britânico, consultor de administração e professor emérito da Universidade de York, em Toronto. "Ser indiferente diante dos problemas sociais afasta as pessoas, diminui a confiança e tem, quase sempre, resultados negativos, pelo menos a longo prazo", diz ele, autor do *best-seller Imagens da organização*.

Atualmente, os empreendedores devem delegar um papel mais importante à responsabilidade social. Para isso, não precisam de motivações morais ou ideológicas, mas de uma vontade de sobreviver no mercado e ter sucesso. Nesse sentido, pode-se dizer que o empreendedor de negócios está indo na direção do empreendedor social, dentro da lógica dos próprios interesses.

Como afirma Cheryl Burgess, fundadora e CEO da Blue Focus Marketing e autora de livros sobre iniciativas e estratégias de *social business*: "O empreendedor social implementa tecnologia social, estratégias e processos que divulga dentro de toda sua empresa, criando e otimizando um ecossistema colaborativo entre colaboradores, clientes, fornecedores, parceiros, comunidade e os investidores, de forma segura e consistente".

DILEMAS EMPRESARIAIS: RIVALIDADE, COMPETIÇÃO, INSENSIBILIDADE, ARROGÂNCIA

CAPÍTULO 9

Preocupação com a comunidade? Conhecer efetivamente quem são, o que fazem, como vivem e o que anseiam seus colaboradores? Reduzir o foco na maximização do lucro em benefício da geração de efeitos positivos sobre a sociedade? Infelizmente, quando se trata de empresários brasileiros, as respostas a tais perguntas não são positivas. As exceções existem, são honrosas e se espalham pelo país, mas, em geral, a regra é triste e frustrante: a maioria desconhece a realidade das pessoas com quem trabalha. Nos encontros corporativos, enchem o peito para declarar amor aos funcionários e sublinhar que eles integram uma grande família – a família de sua empresa. Entretanto, na prática, a história é outra.

O lado humano fica em segundo plano, substituído pela rivalidade, pela arrogância, pela insensibilidade, pela busca incessante do lucro a qualquer custo, pela competição excessiva, pela dificuldade nos relacionamentos com suas equipes, pela visão elitista, pela prepotência, pela comunicação de má qualidade e por tantos outros problemas que compõem a rede de dilemas empresariais vividos no Brasil.

Aqui, os empresários costumam se relacionar muito bem com os seus pares, dirigentes de empresas e com integrantes das classes A e B, mas se relacionam muito mal com os trabalhadores, aqueles em níveis mais baixos na hierarquia de suas empresas ou com rendas inferiores. Da Europa para cá, e apesar dos mais de 15 anos de vida no Brasil e convivência com brasileiros, ainda hoje tenho dificuldades para entender por que a relação entre as classes sociais no Brasil é tão rígida e difícil.

Chama a minha atenção o fato de os empresários brasileiros – grandes ou pequenos – terem um comportamento arrogante e prepotente com seus subordinados. A rivalidade, a competição excessiva e a dificuldade de ouvir completam a galeria de barreiras que me impedem de ver com mais otimismo a classe empresarial brasileira.

Quando tive a oportunidade de assumir uma entidade de classe, uma de minhas metas foi ajudar a elite empresarial brasileira – ou pelo menos parte dela – a se relacionar melhor com os trabalhadores. Em 2016, tive o privilégio de assumir a presidência da Associação Brasileira de Resorts (ABR), menos de um ano após ter me associado a ela. Fui eleito com unanimidade, em uma composição entre duas correntes até então antagônicas. Não foi minha primeira experiência no associativismo, mas certamente a mais importante. Isso se deve ao prestígio da ABR e ao segmento que ela representa.

Em um artigo sobre a minha missão à frente da ABR, escrevi que, às vezes, a nossa carreira profissional, ou mesmo a vida pessoal, nos direciona a associações sem fins lucrativos. Todas defendem ideais, pensam grande e são movidas por sonhos de algo maior e comum a seu grupo. Os associados geram uma poderosa energia que leva as pessoas a acreditarem no lema "unidos somos mais fortes". Nesse sentido, o diálogo leva ao entendimento, pois não é a associação de pessoas de igual perfil que traz bons resultados, mas, sim, a associação daqueles que se compreendem, se aceitam e se comprometem por causas compartilhadas.

O associativismo é realmente um elemento saudável em uma sociedade que demonstra sua maturidade, harmonia e senso de tolerância. Contudo, o que realmente significa assumir a presidência de uma associação? Como definir aquele entusiasmo que nos faz levantar a bandeira de uma associação e ser o porta-voz de um grupo?

O associativismo fomenta a ação coletiva e a organização humana, difunde um conceito de grupo existente desde a pré-história, mas, na prática, ainda falta clareza em algumas interpretações.

A sociedade civil reconhece, nas entidades, os porta-vozes dos associados. No entanto, dentro das entidades privadas existe um espírito crítico muito mais desenvolvido – e isso é bom. Se o presidente de uma entidade fala uma bobagem, a crítica chega imediatamente. Quando um político fala uma besteira, todo mundo aplaude. Expor-se no mundo empresarial é se jogar para os holofotes, com todos os riscos incluídos.

Presidir a ABR tem sido uma gratificante missão, não apenas por ser uma demonstração de espírito de liderança e iniciativa destinada a contagiar os outros associados e todas as pessoas que se relacionam com o segmento, mas também pela oportunidade de me expor, buscar apresentar ideias inovadoras – mesmo que, às vezes, elas não sejam aceitas imediatamente e ajudar a difundir uma cultura diferente da que estamos habituados. Isso inclui o suporte aos dirigentes do setor de turismo no Brasil e também o despertar de um novo modo de se relacionar – entre empresários, entre empresários e trabalhadores, entre empresários e as comunidades que os cercam.

O modo de se relacionar do empresário tornou-se ainda mais complexo diante do dinamismo que o mercado adquiriu. Hoje, a fidelidade de um colaborador à empresa em que trabalha é algo muito mais complicado do que no passado recente. Como ressaltei nas páginas iniciais deste livro, as gerações mais novas, em especial, caracterizam-se pelo desapego a corporações e mudam de emprego sem sofrimento ou temor – o importante, para elas, é estar diante de um novo desafio. Foi-se o tempo em que a esmagadora maioria sonhava em passar em um concurso público e garantir a estabilidade de emprego.

O conceito de comando também mudou. As exigências e as necessidades na comunicação são infinitamente mais complexas. O estilo de um empresário é uma dimensão rica em consequências, pois determina ambientes saudáveis ou destrutivos e influencia a saúde física e mental dos subordinados.

Parece piada, mas não é: superiores hierárquicos despóticos e irascíveis, conhecidos monstros do mundo corporativo, deixam as pessoas doentes. Assim descreve o acadêmico estadunidense Robert Sutton, professor de administração da Universidade Stanford, no livro *Bom chefe, mau chefe*: "Poder, pressão por desempenho e exaustão levam os chefes a fazer que os funcionários se sintam desrespeitados, emocionalmente abalados e desenergizados. Essas forças ajudam a explicar por que os chefes têm culpa por grande parte do *bullying* e do abuso observados em ambientes de trabalho". Segundo Sutton, 60% dos casos de falta de civilidade nas empresas ocorrem de cima para baixo, com os superiores submetendo funcionários a palavras e atos levianos.

Ainda hoje, muitas empresas brasileiras funcionam assim: você obedece e me respeita, e eu dito as regras e sei tudo. A diretoria pode até ser simpática e sedutora, mas o sentido de admiração baseia-se no princípio de chefia. Isso a ponto de ser muito comum a satisfação de um funcionário quando diz que "hoje o chefe me cumprimentou", como se não fosse normal cumprimentar alguém no elevador.

O sistema vertical tem a vantagem de deixar o colaborador mais seguro. Ele não precisa pensar: o sistema diz exatamente o que ele deve fazer. No La Torre Resort, cotidianamente tenho problemas com gerentes: eles querem que eu diga para eles o que deve ser feito. Não admitem que eu não esteja lá presente, passando ordens constantemente ou enviando mensagens de parabéns pelo que fizeram. Não são raros, em todas as empresas, gerentes que se comportam como soldados. Como tais, são fiéis. Se não recebem uma ordem, sentem-se contrariados. Não têm iniciativa. Não enxergam que, hoje, a iniciativa deve partir deles, sendo papel da diretoria ficar ao seu lado.

Além desse modelo vertical, há um segundo modelo – o de metas de produtividade e de venda, com pacote de benefícios. Não acredito nesse modelo no longo prazo. Para mim, é um sistema que não funciona mais, ou talvez não funcione em setores com alta rotatividade de colaboradores. Afinal, quando você estabelece um relacionamento profissional ancorado no benefício e no valor agregado, essa acaba sendo a única dimensão realmente importante para o trabalhador. Ele focará seu trabalho na sua meta no curto prazo, especialmente em um país em que a economia vive em ciclos de crescimento sucedidos por ciclos de crise.

O resultado da política de metas é que a maioria dos profissionais da empresa acaba agregando os benefícios à sua remuneração. Preveem os benefícios como regra e estabelecem um padrão de vida a partir deles. Quando isso desaba em um momento de crise (do país ou da empresa), cria-se uma situação de desespero para o funcionário e também para o empresário. Nesse modelo, não se veste a camisa da empresa, mas, sim, a camisa da meta que se deseja atingir. Os Estados Unidos funcionam com esse sistema de excesso de produtividade. Pessoalmente, eu não o aplico.

Já afirmei, em outro momento deste livro, que o profissional deve se preocupar menos com o quanto ganha e mais com outros fatores, como a estabilidade e a segurança da empresa, a educação financeira que a empresa lhe proporciona, as condições que lhe são oferecidas para fazer as próprias coisas, o desenvolvimento de um modelo mais maduro de administração do próprio dinheiro. É evidente que devem ser respeitadas as categorias de remuneração compatíveis com cada cargo e suas responsabilidades e também com as necessidades pessoais. Entretanto, tem se mostrado um grande equívoco, diante da nossa realidade, apostar exclusivamente na política de benefícios por produtividade.

O modelo que defendo exige um maior conhecimento mútuo entre empresário e trabalhadores – e isso é difícil no Brasil.

O curioso é o quanto lembramos de uma frase clássica, emitida em dez entre dez empresas nacionais: "As pessoas são o nosso maior ativo". Como disse o empresário Ricardo Semler, no seu clássico livro *Virando a própria mesa*, qual empresa não usa essa frase com a leveza de um passarinho que está para deixar sua marca em cima de uma estátua? Semler reforça a tese de que a prática de conceder benefícios na empresa como complemento de salários, embora seja uma prática em todo o mundo ocidental, tem sido danosa. "O papel da empresa não é o de ser paternalista", afirma, e "todo esforço assistencialista é basicamente paternalista, e é ruim porque volta a tratar um adulto maduro como se ele fosse adolescente". Sendo tratado como adolescente, lembra o empresário, ele começa a agir como um.

Espero, no entanto, que minha visão crítica sobre o empresário brasileiro não seja interpretada como um ataque feroz e insensível às suas dificuldades. Muitos dos dilemas empresariais vividos no Brasil – como a competição excessiva – decorrem do alto nível de estresse, insegurança, incerteza e risco a que são submetidos.

Alguns anos atrás, a consultora Vicky Bloch concedeu uma interessante entrevista à revista *Época Negócios* sobre o ambiente que ela encontrava em várias empresas. O cenário encontrado era assim descrito: imagine um avião lotado, comandado por um piloto que não lembra mais o destino de pouso nem fala o idioma da tripulação. Segundo ela, faltaria um sentido de trabalho:

> Nos primórdios das cavernas, trabalhar significava resolver as necessidades da sociedade. Um cuidava de matar, outro de cozinhar, e a satisfação me parece que tinha a ver com você ter um papel nesse processo. Mesmo na industrialização, quando tinha um capataz que dizia o que você devia fazer, o trabalho resultava em um produto, como um carro, que é um meio de locomoção. Acho que as pessoas se viam realizadas. Hoje, principalmente quando se fala de liderança, não tem mais uma causa. Perdeu-se essa relação de troca com a sociedade. Não é o talento que está escasso. As pessoas não emburreceram. O que elas não têm mais é um vínculo que faz com que entreguem um trabalho diferenciado. (Abdallah, 2012)

A origem da infelicidade e da falta de sentido estaria em um sistema que exige que sejam entregues resultados a qualquer custo. Esse qualquer custo acaba se refletindo nas relações com a equipe, pois não se vai mais para o trabalho com prazer e para resolver uma incógnita que tem a ver com a melhoria da sociedade. A relação do empresário com seus subordinados é permeada por esse jeito de não gostar do trabalho que faz.

Não são dilemas fáceis de serem enfrentados – nem por empresários, nem por trabalhadores. Superá-los exige tudo, menos o conservadorismo ainda presente nas empresas. Conservadorismo no modo de gerir, de se relacionar, de enxergar a empresa e a sociedade, de interpretar o Brasil e os brasileiros. É contra o conservadorismo que luto diariamente.

VÍCIOS PÚBLICOS, BENEFÍCIOS PRIVADOS. OU VÍCIOS PRIVADOS, BENEFÍCIOS PÚBLICOS

CAPÍTULO 10

Na primeira metade da década de 1990, o economista Eduardo Giannetti publicou um livro que ganhou enorme repercussão no Brasil: *Vícios privados, benefícios públicos?*. É um livro escrito com base na evolução do pensamento filosófico e econômico da Antiguidade até os nossos dias, no qual ele questiona as relações que envolvem ética e economia. Giannetti recupera o papel das virtudes privadas para a vida comunitária organizada e o progresso dos países. Ganância, inveja, egoísmo e esperteza têm vínculo direto com a riqueza das nações, ele lembra.

  O título do livro remete a uma proposta do médico holandês Bernard Mandeville, defensor da ideia de que o egoísmo e a ambição pessoal geram, por meio da competição pelo lucro, benefícios sociais e progresso econômico para toda a sociedade. Mandeville escreveu, na obra *The fable of the bees: or private vices, public benefits* (*Fábula das abelhas*), que o egoísmo de cada abelha é que mantém a harmonia da colmeia. Na sua visão, se as abelhas fossem altruístas e sempre conformadas, o resultado seria o caos; haveria fome, que, por fim, causaria a morte da sua sociedade. Desse modo, o fundamento das relações econômicas seria o egoísmo de cada indivíduo. Giannetti questiona se tal proposta faz sentido e coloca a questão de outro modo: do egoísmo individual, chegamos ao benefício social? Ou ainda: a prosperidade pode ser atingida apesar da falta de ética?

A história do Brasil recente tem mostrado que não.

Uso a referência ao livro de Eduardo Giannetti para sublinhar dois pontos. Primeiro, não há progresso em um país em que virtudes privadas não prescindam de virtudes públicas. A ética é fundamental em qualquer sociedade, seja ela mais ou menos individualista. A vida comunitária organizada só avança em uma sociedade com agentes com o menor número possível de vícios.

O segundo ponto é a ilustração do imenso abismo que separa a vida pública da vida empresarial/privada no Brasil. Vive-se, aqui, um paradoxo constante: enquanto o mercado de consumo está cada vez mais acelerado, as políticas públicas revelam-se cada vez mais lentas. Vê-se um consumidor crescentemente acelerado, exigente, capaz de mudar gostos e preferências o tempo inteiro, mais imprevisível do que nunca. Ao mesmo tempo, uma administração pública com dificuldade igualmente crescente de responder de maneira adequada às demandas dos cidadãos. Entre esses dois mundos, está o empresário, tentando segurar as duas pontas a duras penas.

Falo isso não apenas do ponto de vista de um empresário, mas também como alguém que já mergulhou na vida pública. Foi uma passagem rápida, mas muito pedagógica no sentido de ver como funciona a administração pública por dentro – com suas singularidades e seus limites.

Nos capítulos iniciais, contei sobre a aventura de colocar a cidade de Porto Seguro no mapa do turismo internacional. A criação do *pool* de pousadas. Os primeiros fretamentos. A venda do conceito de *all inclusive* para os europeus. Os efeitos extraordinários na economia da cidade.

A aventura foi tão bem-sucedida que, em 2005, o então prefeito eleito, Jânio Natal, convidou-me para ser secretário municipal de Turismo. Foi o primeiro grande reconhecimento público que recebi após meu desembarque no Brasil. Eu havia liderado a inserção de Porto Seguro na rota do turismo internacional, em um movimento que provocou uma gigantesca injeção de divisas. Porto Seguro cresceu muito financeiramente naquele período. A média de gasto do europeu chegou a notáveis 500 euros por pessoa por semana, unicamente em gastos no comércio local.

Assumindo o cargo de secretário de Turismo, a minha primeira sensação foi a de que eu poderia fazer muito mais pela cidade. Um terrível engano. Foi ali que vi o tamanho do desfiladeiro que separa a vida de empresário da vida do poder público. Como empresário, eu atuava com velocidade, tomadas de decisão extremamente ágeis, busca rápida por investimentos e investidores. Na gestão pública, isso era praticamente impossível. O ritmo era diametralmente oposto. Tudo era amarrado pelas regras e pela burocracia. Nada pode e pouco se avança, sempre em gestos espremidos por uma máquina e por regras limitantes, que tornam todas as tarefas excessivamente lentas. Um pensamento dominado pela obsessão de perder ou ganhar votos, muito mais do que efetivamente fazer algo que melhore a qualidade de vida da população.

Fiquei 91 dias no cargo.

De lá para cá, vários governos se sucederam. Pouco mudou desde então. Finalmente, a prefeitura municipal criou um site para a cidade. Somente em 2015/2016, ingressou nas redes sociais. O turismo e a economia de Porto Seguro prosseguiram em uma espécie de compasso similar ao do Brasil como um todo: momentos de euforia seguidos por períodos de estagnação e dificuldades. Altos e baixos. Ciclos positivos e negativos. Como ex-integrante da vida pública e como um empreendedor apaixonado pelo que faz e pelo turismo, lamento muito a máquina engessada que se tem no Brasil.

Felizmente, saí de modo elegante do governo municipal e, assim, mantive muitos contatos no ambiente político local. Ficou marcada na mente de muitos moradores de Porto Seguro a imagem do secretário que ajudou a trazer mais turistas internacionais. Aprendi muito sobre os riscos de ser político, incluindo a injeção gigantesca de vaidade no nosso sangue e o perigo de se iludir pelas benesses da vida pública. As portas se abriam para um mundo de falsas maravilhas: pessoas lhe cumprimentam o tempo inteiro, você parece ser necessário e importante para muitas delas, há uma sensação permanente de onipotência e onipresença. Quando você deixa o cargo, tudo se apaga. Tudo se paralisa. Para muitos, a política é uma verdadeira dependência química.

A experiência me ajudou ainda a entender melhor a política brasileira. Entendi e me mantive próximo a ela, mas deixando tudo muito claro quanto à minha verdadeira paixão: o empreendedorismo. No Nordeste, ou pelo menos na Bahia, ser empreendedor era algo bastante valorizado. Hoje, essa grandiosidade do empresário se estende pelo país, especialmente nos últimos anos, com a crescente desconfiança diante dos políticos profissionais. Cada vez mais, a imagem de gestores é dignificada em eleições quando comparada à imagem dos políticos. Aliás, não só no Brasil, como demonstrou a vitória de Donald Trump nas eleições para a presidência dos Estados Unidos.

No caso brasileiro em particular, os gestores seriam um alento para dar mais agilidade e eficiência à administração pública, já que muitos políticos profissionais estão enlameados pelos sucessivos episódios de mau uso do dinheiro público e de envolvimento indevido entre o Estado corrupto e empresários corruptores. Todavia, o discurso é o mesmo há 15 anos – eu frequento Brasília e constato isso de perto. Todos aplaudem, mas o discurso é o mesmo. Fico na dúvida se aplaudem o discurso ou o cargo que dá autoridade àquele discurso.

Um dado curioso é que, quando fazem sucesso, empresários não raramente querem ser políticos e entram de cabeça em disputas eleitorais. Já os políticos querem ser empresários, mantendo as duas atividades em uma combinação nada virtuosa. Muitas vezes, o empresário busca a política pela satisfação do ego, pela convivência com o poder. Já o político busca a vida empresarial por não ter, como político, a perenidade do empresário. Talvez seja porque a agonia do político é o curto prazo do cargo. A eleição seguinte será sempre o seu pesadelo constante, que não o deixa trabalhar com tranquilidade. Basta ganhar uma eleição para já começar a pensar na próxima.

Em outubro de 2016, como presidente da ABR, publiquei uma carta aberta ao ministro do Turismo, Marx Beltrão. Nela, lamentei algumas travas existentes e sublinhei o papel do turismo como setor de *marketing* da nação. Lembrei que, mesmo com diversas tentativas passadas de estruturar o turismo como um segmento importante da economia brasileira, era preciso admitir que houve uma série de insucessos. Escrevi também que talvez tenha chegado a hora de parar de dizer que o turismo é a mola propulsora do Brasil – frase já repetida inúmeras vezes nos discursos dos ministros do Turismo e que certamente não foi um sinal de sorte para o setor.

Por falta de direção ou de planejamento a longo prazo, a realidade é que o turismo brasileiro não decola. Mesmo sediando eventos grandiosos, como a Copa do Mundo e as Olimpíadas, a vinda de turistas estrangeiros é esporádica e limitada a esse tipo de evento. Após as cerimônias de encerramento desses grandes eventos, a frequência de visitantes de outros países ao Brasil parece cair no esquecimento.

Analisar o turismo brasileiro é um trabalho complexo e de grande importância, mas, assim como acontece em uma empresa, o turismo precisa entender o seu próprio motivo: afinal, por que queremos que o Brasil desenvolva nessa área?

Na carta aberta, afirmei ainda que o turismo é o gestor da marca de um país. É por meio da cultura, das belezas naturais e da infraestrutura turística que se apresenta a identidade de um país no mundo. O turismo gera e transporta conhecimento, o que acaba criando pontes entre pessoas e economias. O turismo é o pilar da confiança e de compartilhamento de conhecimento entre sociedades diferentes.

É preciso entender a importância da marca Brasil. O turismo nacional deve encabeçar essa ideia e posicionar-se como o gestor comunicador da marca Brasil dentro e, especialmente, fora do país. Um país precisa de uma marca forte que reflita sua identidade e estabeleça parâmetros de credibilidade, interesse, empatia e, principalmente, cultura. Divulgar o turismo brasileiro não se limita exclusivamente a desenvolver a atividade turística, mas também a contribuir de forma ativa, reforçando a imagem do Brasil a nível econômico, ético e social. O turismo interfere direta e indiretamente na balança comercial da economia de um país.

Mais ainda: um país com a atividade de turismo desenvolvida atrai investidores, facilita negócios internacionais, incentiva a compra de produtos brasileiros no exterior e fortalece a imagem do povo brasileiro. O turismo, quando explorado de forma correta, cria um ambiente de negócios extremamente favorável. Deve ser visto como um aliado importante para o crescimento da economia do país. Não podemos enxergar a atividade turística unicamente como um fim em si mesmo, pois ela é responsável por inúmeros resultados indiretos e relevantes à economia de um país.

O setor do turismo age, portanto, como o *marketing* de um país. Especialistas em turismo não vendem apenas os seus serviços – hotéis ou resorts –, eles vendem o Brasil como um todo.

No entanto, entre a política e o empreendedorismo, entre a vida pública e a vida empresarial, um aspecto se manteve ao longo do tempo: a convicção de que eu não estava errado quanto à boa índole de muitos brasileiros. O funcionamento da política pode revelar momentos desagradáveis pela lentidão excessiva na gestão e pelos desabonadores do ponto de vista ético. As dificuldades para empreender em um país de ciclos econômicos muito curtos são enormes e exigem do empreendedor jogar no lixo todos os livros da faculdade e voltar à estaca zero. A criação de "jeitinhos" para escapar das crises e as lamúrias com o nível da política em vigor não nos impedem de enxergar algumas facetas essenciais do Brasil: a facilidade de contato social; a adaptação a mudanças; a capacidade de desapegar e recomeçar, mesmo descendo de nível na escala social e de renda. Isso faz do Brasil um país fascinante.

DOAR, DIVIDIR, COMPARTILHAR

CAPÍTULO 11

A política brasileira pode até andar lentamente, e o turismo, consequentemente, pouco avança e se moderniza. Entretanto, assistimos, meio inertes, meio assustados, a uma verdadeira revolução na forma de organizar as atividades empresariais nestes tempos de uma economia tecnologicamente conectada e compartilhada.

A economia compartilhada colocou em xeque um sistema inteiro. É uma revolução que derrotou todas as legislações e cresceu sem ninguém perceber. O mundo empresarial pensa que tem o controle dessa mudança, mas é um equívoco. O mundo político pensa que controla seus países e suas economias. Outro equívoco. Várias grandes empresas derrotaram os sistemas de controle legais, fiscais e burocráticos, e enfrentaram governos, mesmo no nível jurídico. Chegaram a processar as prefeituras de Nova York e de Barcelona. Nunca tínhamos visto antes esse tipo de comportamento.

A economia compartilhada veio para ficar e revolucionar. E já revolucionou. Uber e Airbnb são dois dos maiores exemplos desse modelo de economia compartilhada. São disruptores da economia *on-line* – já que a economia compartilhada, sabemos, é uma evolução da *on-line*. A economia compartilhada só existe onde há conectividade e ataca diretamente as cidades.

A menção à conectividade não significa uma visão crítica ou apocalíptica sobre as transformações decorrentes do mundo digital. Ao contrário. Contudo, como toda mudança, ela exige uma profunda modificação da cultura – muito mais complexa do que a implantação da tecnologia.

Não devemos confundir transformação digital com transformação tecnológica. O erro mais frequente das empresas é alterar as ferramentas sem modificar a cultura da organização, começando pela ponta da pirâmide. Dar início a essa ação significa, em primeiro lugar, reavaliar as estratégias diante das necessidades e das demandas de cada cliente atual e futuro. Essa transformação permite ter acesso a um cliente novo, aquele que ainda não conhece a empresa ou que consome de forma diferente. Por esse motivo, antes de investir em tecnologia, é preciso repensar o posicionamento de sua empresa no mercado. Esse elemento é fundamental diante do alto investimento que o processo exige, e é vital considerar que o resultado de uma transformação tecnológica sem a correta avaliação do reposicionamento do negócio pode ser devastador.

Destaco que, para uma transformação tecnológica bem-sucedida, é primordial se atentar a três pontos. Primeiro: para conseguir o reposicionamento digital, é necessário definir estratégias de ciclos curtos. Uma empresa deve ter a flexibilidade de reconsiderar ideias e características em períodos de 3 a 6 meses. O conceito de planejamento anual, decidido depois do fechamento do balancete, é obsoleto. Segundo ponto: reorganizar a empresa de forma que seja mais ágil diante da potencial mudança. Terceiro ponto: refere-se a um elemento ligado ao olhar que nós temos de nossa própria atividade. É necessário entender a importância de mudar e aceitar. Sair da zona de conforto e acompanhar essa transformação. Antecipá-la é, claramente, a chave do sucesso.

Até pouco tempo atrás, nos processos industriais, estávamos acostumados à robotização das máquinas. Agora, a grande revolução está nos programas informatizados, inspirados na inteligência artificial e que conseguem reproduzir processos operacionais de forma sistemática e repetitiva, inclusive aprendendo com os próprios erros. Estamos no mundo do "*machinelearning*".

Enquanto as palavras-chaves dos anos de 1990 e de 2000 eram eficiência, otimismo e qualidade, hoje se fala em criatividade, inovação, agilidade e, principalmente, *disruption*. Sobre esse aspecto, percebe-se que o grande problema de uma empresa não é mais a capacidade de controlar a tecnologia, mas a possibilidade de induzir uma mudança cultural que permita explorar de forma diferente o próprio negócio.

A inteligência artificial vai revolucionar a forma como as empresas coletam informações e reagem diante de seus clientes. O entendimento e a utilização de processos como o *chatbot* (ou *chatterbot*), por exemplo, são verdadeiras revoluções na cultura de uma empresa.

Atualizar o modelo de gestão de um empreendimento é o caminho para conseguir a transformação tecnológica. Para ilustrar isso, podemos analisar o conceito de holocracia, que explica um método concreto. Trata-se de um modelo de administrar baseado na organização formal de uma inteligência coletiva. Operacionalmente, ela permite difundir mecanismos de tomada de decisões de forma fracionada e com equipes auto-organizadas. Um exemplo desse tipo de empresa é o Spotify. O gigante da música compartilhada é referência nesse modelo de organização. Mesmo que a responsabilidade e a decisão final permaneçam nas mãos dos donos (ou investidores), a tomada de decisão do dia a dia é mais próxima às pessoas que trabalham na empresa e bem mais transparente à toda a organização.

Agora, falaremos da transformação digital. Ela desenha os processos que integram as tecnologias no âmbito das atividades de uma empresa. O método baseia-se em três eixos principais: modelo de negócio, experiência do cliente e organização. Em outras palavras, envolve todos os pilares de um empreendimento. Seja uma companhia grande ou pequena, a digitalização permite o acesso aos dados em tempo real. A transformação digital possibilita mais rapidez na tomada de decisões e um ganho de produtividade de até 40%.

Com tudo isso, chegamos a um momento de forte mudança, no qual a tecnologia nos permite mais do que nós mesmos queremos ou sabemos utilizar. Não se trata unicamente de sermos mais rápidos nos procedimentos ou mais competitivos nos preços dos produtos que comercializamos, mas de podermos criar novos produtos que eram inimagináveis até dado momento.

A tecnologia age como um acelerador na mudança das organizações. Ela não é um objetivo, mas um meio; não substitui pessoas, mas deixa as informações mais fluidas. A forma de coletar dados e tratá-los em tempo real propicia a descentralização da tomada de decisão, pois os transforma em informações. A tecnologia nos livra de processos repetitivos e nos fornece maior prazer no próprio trabalho, criando novos produtos e modos de funcionamento.

A transformação digital não é uma tendência passageira ou uma mera opção para uma empresa, mas um novo ciclo da humanidade.

A conectividade trazida pela transformação digital é complexa, porém de contornos mais nítidos do que a revolução imposta pela economia compartilhada. O mundo do turismo, incluindo viagem e transporte, é altamente impactado por essa revolução. Uma revolução que afeta todos os empresários – é o efeito surpresa e o efeito medo caminhando juntos. Uma revolução que nos obriga a mudar a forma de pensar e, sobretudo, de legislar sobre as atividades econômicas.

Qual é o tamanho desse desafio e como o mundo se transformou em volta desse novo modelo?

O caso do Airbnb é um exemplo primoroso sobre esses tempos de mudança. Reproduzo, por isso, boa parte das ideias que já apresentei em artigos e documentos.

A primeira explicação para o sucesso do Airbnb, no âmbito do turismo, foi explicada pela existência de uma demanda reprimida (pessoas querendo viajar) e uma oferta excedente (imóveis desocupados). Ao enxergar a oportunidade, o Airbnb tornou-se uma das *startups* de maior sucesso da história, fazendo a conexão entre essas duas necessidades. Com essa explicação, os profissionais da área de turismo do mundo inteiro passaram por incompetentes sem visão.

É isso mesmo? Não. De forma alguma. Todos sabiam analisar o mercado, mas ninguém teve coragem ou tamanho suficiente para infringir as leis, pois é disso que se trata. Empresários e investidores têm como dever analisar os modelos de negócios dentro dos parâmetros jurídicos, portanto, jamais teriam criado um modelo de negócio similar ao do Airbnb. A partir desse momento, entra a análise da palavra disruptivo, que caracteriza o modelo de negócio do Airbnb. É disruptivo o lado extremamente ousado de um modelo que desafia as leis para, depois, tentar regularizar-se mediante uma forte pressão popular e midiática.

Com uma postura de *too big to fail* (grande demais para fracassar, em tradução livre) e apoio dos mercados financeiros ávidos por produtos que lucram, o Airbnb elaborou uma estratégia mista entre políticas e investimento. O aspecto que permitiu o crescimento acelerado do Airbnb é a ausência de legislação específica para as economias compartilhadas. Essa característica tornou-se uma desvantagem, um ponto fraco em cima do qual o Airbnb deve trabalhar assiduamente para defender seu modelo de negócio. Para frear as reformas legais que poderiam atrapalhar o seu funcionamento operacional, o Airbnb adota uma estratégia de aproximação com a classe política, contratando ex-prefeitos das principais cidades do mundo. Esses políticos tornam-se, com frequência, garotos-propaganda, defensores do modelo de negócio compartilhado e criam um verdadeiro *lobby* político.

A reação deveria vir do poder público, e não dos empresários do turismo (no caso do Airbnb) ou de taxistas (no caso do Uber). Apenas o poder público tem as cartas na manga para promover uma mudança, mas não o faz. E não o faz mormente por incompetência; pois considera que há outros problemas mais prioritários e porque as alternativas compartilhadas se tornaram populares. Governos não tiveram coragem de regularizá-las, e os empresários passaram a enfrentar uma situação difícil, de pânico. Não sabemos aonde isso vai chegar. Teremos hotéis nos moldes que conhecemos hoje? Que outras formas de hospedagem competitivas surgirão? Aliás, surgirão?

Acredito na ideia de que economias compartilhadas surgem, em geral, do excesso de produtividade. Elas dividem o excesso existente. Vejo isso muito bem na Europa, onde há tudo em demasia.

O excesso pode gerar a cultura do compartilhamento, como negócio, ou a cultura da doação, como solidariedade. Daí, surge uma dúvida: é possível doar hoje em dia? É um questionamento pertinente para uma sociedade em que o individualismo está em forte crescimento.

Os sentimentos como o egoísmo, a ambição de acúmulo desnecessário de bens materiais e o entendimento de que a riqueza é medida por meio do que possuímos integram uma série de fatores que dificultam a doação.

Em um mundo tão materialista e tão capitalista como o nosso, onde tudo é tão importante, nós somos o que possuímos. Somos avaliados por nossas riquezas materiais, por nossos bens materiais, mais do que pelos bens espirituais.

No panorama da economia compartilhada, muitas vezes o ato de doar se confunde com o de compartilhar, pois ambos envolvem um bem, seja material ou espiritual. Doar é uma atitude voluntária, movida pela solidariedade social. Todavia, se a economia estiver baseada no compartilhamento (troca), a doação pode ser considerada uma ação comercial. É algo difícil de discernir.

Em um sentido mais geral, confunde-se oferenda com doação, visto que a tendência do ser humano é doar mais coisas materiais do que a si próprio. Oferecer tem mais a ver com bens materiais do que doar. Doar é diferente. Doar significa desapegar de algo que você precisa, de um bem que realmente você trabalhou para alcançar. Doar de verdade não é se livrar de algo que incomoda ou ocupa espaço em nossa vida cotidiana, mas renunciar. Gotthold Lessing, um dos maiores representantes do Iluminismo, afirma: "É a intenção, e não a doação, que faz o doador".

Para ilustrar bem isso, esmiúço algumas ações praticadas no La Torre Resort.

Quando um resort como o La Torre compra 50 novos colchões para substituírem os que não serão mais usados, os velhos não são simplesmente jogados fora. São 50 colchões que ainda são bons e podem ser utilizados. Portanto, o resort opta por doar para os colaboradores ou para entidades sociais. Ocorre que, nesse momento, ele não está doando, e sim oferecendo. Ou seja, está oferecendo algo que ele não precisa mais; portanto, não é uma doação, e sim uma oferenda. Nada contra as oferendas, é muito importante oferecer.

Sob a outra perspectiva, quando chega o período do Natal, o La Torre Resort prepara uma cesta de 15 a 20 quilos de alimentos para cada colaborador. Tudo é feito com carinho para que cada um deles possa ter um Natal digno em casa, com a família e os amigos. Aí, sim, estamos fazendo uma doação, porque estamos comprando aquela mercadoria para doar para os colaboradores. Estamos abrindo mão de algo em prol de uma coisa melhor.

Dentro do conceito de liderança, a doação é o elemento que nos separa do ser humano autossuficiente ou autárquico. Liderar é doar seu tempo, sua paciência, seus ombros e seus ouvidos. É compartilhar conhecimento e experiências que lhe fazem crescer com o desejo de que os outros cresçam também. Liderar requer atos constantes de doação.

Nesses cenários, a doação não pode se limitar a coisas materiais, uma vez que está fortemente ligada à palavra ou mesmo à própria vida. Obviamente, doar a nossa vida é um ato extremo que vai contra o "autoprotecionismo biológico", pois o nosso instinto é sobrevivência e proteção. Contudo, é possível doar sangue ou um órgão, por exemplo. Isso é doar vida em um extremo gesto de amor.

O "bem" de doação não nos pertence; ele simplesmente passa por nossas mãos até chegar às de outra pessoa. O ato de doar nunca pode ser submetido à esperança de receber algo de volta. Doar é sinônimo de gratuidade, logo, ausência de reciprocidade. Nos cinco anos desde que Bill Gates e Warren Buffett criaram a campanha *Giving Pledge* (promessa de doação, em tradução livre), 193 indivíduos fizeram a simples promessa de doar mais da metade de sua fortuna em vida ou após a morte.

Sem reciprocidade, a doação passa de uma mão para outra sem nenhuma expectativa, sem que se receba nada em troca. Doar é o senso de querer fazer o bem. Reduz o apego ao dinheiro e aumenta a nossa sensibilidade sobre os valores da sociedade. A proximidade da doação e o desapego são dois elementos que geram uma abertura ao humanismo e aumentam a nossa predisposição ao entendimento das pessoas – no caso de um líder, à compreensão de suas equipes ou de seus clientes.

A doação é um início de relacionamento com o outro, é a base do sentido da igualdade que cria espaço para o crescimento do sentimento do amor. Ela aproxima as pessoas e aumenta a empatia. Doar é praticar o exercício da liberdade, pois é um ato espontâneo sem nenhum tipo de obrigatoriedade e constrangimento. É uma iniciativa própria e pura, privada de forças exteriores.

Doar é sentir-se livre.

PARTE 3

O TRABALHO

O TRABALHO PODE SER FONTE DE FELICIDADE

CAPÍTULO 12

Inúmeros estudiosos do tema costumam insistir: a felicidade está na moda. Todos nós a queremos de maneira obstinada, uma fixação sem fim. Partimos em uma busca constante que ora é fonte de alegria (e felicidade, claro), ora é fonte de frustrações e desespero. Nós a buscamos tanto porque, de algum modo, ou a vivenciamos em algum momento e desejamos sentir mais vezes, ou porque achamos que não a alcançamos ainda – e precisamos alcançá-la. Em vida, de preferência.

Exatamente como os onze entre cada dez leitores deste livro, eu também gosto muito de pensar na felicidade, na alegria, nos prazeres da vida. Entretanto, é preciso separar o joio do trigo – nesse caso, distinguir de qual felicidade estamos tratando. Seria da pseudofelicidade narcisista, ligada à aparência e ao sucesso? Da felicidade que se limita à satisfação imediata de nossas necessidades mais egoístas? Da felicidade que mais se confunde com os prazeres de curto prazo? Ou de uma felicidade mais profunda e duradoura?

O curioso, como mostram muitos estudos sobre a felicidade, é que ela é vista e conhecida muito mais por ausência do que pela sua presença. Esse é o ponto inicial de um livro chamado *Felicidade ou morte*, escrito em parceria pelo filósofo Clóvis de Barros Filho e pelo historiador Leandro Karnal. Eles lembram que é muito comum se falar sobre a busca da felicidade. Se há busca, é porque ela ainda não está presente. Permanecendo a busca, é porque ela continua não estando. Consagrando-se a busca, é porque talvez ela não apareça nunca. Os dois autores mostram como, ao longo da história, houve uma disputa pela identificação das condições de uma vida feliz.

Acrescento: é como se constantemente buscássemos uma fórmula para alcançá-la, como se o exemplo do outro nos pudesse oferecer pistas capazes de nos ajudar a encontrar o caminho de nossa própria felicidade. E, considerando sua ausência mais forte do que a presença, talvez possamos entender a atual epidemia de infelicidade: a depressão é um dos maiores problemas de saúde pública do planeta, como aponta a Organização Mundial de Saúde (OMS). E mais, ela avança para se tornar a segunda principal causa de invalidez até 2020. Por outro lado, a procura pela felicidade é uma indústria em crescimento constante. Livros de autoajuda geram cerca de US$ 1 bilhão em vendas anuais.

Em todas as instâncias da minha vida – em família, com amigos, no trabalho ao lado de todos os colaboradores do La Torre ou em palestras para desconhecidos ou conhecidos que dou país afora –, procuro transmitir o que sou e o que busco: alguém disposto a abraçar a vida com energia, em busca de um sentimento de realização. Uma realização pessoal e profissional, uma realização que dê sentido para o que faço e o que sou. Sinto-me feliz desse modo, encontrando sentidos de realização.

Da minha vida na Europa ao sucesso do La Torre em Porto Seguro, passando pelas imensas dificuldades enfrentadas no percurso, pus a felicidade na realização. Na conquista dos meus propósitos. Na sensação de que pude fazer a diferença para a minha própria vida e para a vida daqueles que me cercam e que, de algum modo, são impactados pelo meu trabalho e pelas minhas atitudes. Contudo, sempre enxerguei a felicidade como uma consequência, não como um propósito, uma meta, um desejo fixo sem o qual eu me sinto não realizado.

Entendo, porém, o quanto cada um de nós tem o seu próprio modo de enxergar a felicidade – e de buscá-la. Esse não é um dilema da moda, e sim uma questão essencial da vida do ser humano desde sempre. O que parece ser bastante recente é a concepção de que é possível alcançar a felicidade por meio do trabalho. Ou, em outras palavras, que é possível ter felicidade não só *com* o trabalho, mas *no* trabalho.

Esse é um movimento novo, razoavelmente próprio de sociedades pós-modernas: encontrar no trabalho um sentido de realização, de propósito, algo capaz de modular nossa personalidade, nossos valores, nossas paixões. É como se deixássemos no passado a era do trabalho como fardo, como escravidão e exploração. (A expressão latina labor significa trabalho penoso ou duro. A formação judaico-cristã associa trabalho a castigo, uma punição pelos pecados do Jardim do Éden.) Entretanto, agora é como se passássemos a ver o trabalho como algo estimulante a ponto de crescer nossa autoestima, ampliar nosso talento e promover nosso bem-estar.

Isso é fruto da crença crescente de que precisamos de um sentido, e especialmente de um sentido de realização, capaz de elevar nossa autoestima e termos a sensação de que viver – e viver plenamente – vale a pena. Em meados de 2011, o jornal *The New York Times* mediu a frequência das palavras-chave em 40 das centenas de discursos de formatura proferidos na primavera daquele ano nos Estados Unidos. Os vocábulos "mundo", "país", "amor" e "serviço" apareceram mais do que "dinheiro" e "sucesso".

Evidentemente, essa ainda é uma realidade para poucos, especialmente em países como o Brasil, onde a maioria trabalha para sobreviver e em busca de alguma mínima segurança.

Esse sentido novo no trabalho, no entanto, acabou gerando sua contraparte: com tanta aspiração a um trabalho edificante e a uma fonte de realização pessoal e profissional, não são poucos os que terminam encontrando frustração, desmotivação e infelicidade. Uma pesquisa de 2011, coordenada pela Associação Brasileira de Recursos Humanos e citada por Alexandre Teixeira no livro *Felicidade S.A.*, fez a seguinte pergunta a cerca de 5.700 trabalhadores brasileiros: "Você é feliz no seu trabalho atual ou na sua última ocupação?". O resultado foi desanimador. Quase a metade respondeu que não.

Em uma edição de setembro de 2016, a revista britânica *The Economist* tocou neste ponto, afirmando que as empresas que tentam transformar a felicidade em instrumento de gestão estão passando dos limites. A revista mirou nas empresas, nos gurus e nas consultorias que pregam o culto à felicidade. Como exemplo inicial, cito Shawn Anchor, um ex-professor de Harvard que trabalha ensinando grandes empresas a transformar a satisfação e o bem-estar em vantagem competitiva. Uma de suas regras é instaurar no ambiente de trabalho a chamada "higiene da alegria". Em outras palavras, as pessoas devem cultivar pensamentos positivos e escrever e-mails otimistas do mesmo modo que devem escovar os dentes diariamente.

Um outro exemplo é uma loja de calçados que criou um cargo de "diretor de felicidade", esperando ver seus funcionários entrando em delírio ao vender um par de sapatos. Uma rede de *fast-food* procura se destacar tanto pela venda de sanduíches quanto pelo bom humor dos seus funcionários. Na Google, um engenheiro chegou a ter o título de "bom camarada" – sua função era disseminar bons sentimentos entre os colegas. "O problema do culto à felicidade", concluiu a *The Economist*, "é que se trata de uma interferência inaceitável na liberdade individual de cada um". Para a revista, "não há nada de mal em que as empresas exijam que seus funcionários sejam educados ao atender os clientes, mas elas não têm o direito de regulamentar o estado psicológico deles e transformar a felicidade num instrumento de controle corporativo".

Centrado ou não na felicidade, o trabalho adquiriu imensa centralidade na vida de todos nós. É como o exercício proposta pelo filósofo Mario Sergio Cortella, no livro *Por que fazemos o que fazemos?*: "É só observar, do alto de um edifício, uma via engarrafada, repleta de multidões a caminho do trabalho".

Ao realizar um estudo sobre felicidade no trabalho, a revista *Harvard Business Review* perguntou: "Por que falar de felicidade quando boa parte da economia mundial segue prostrada e gente do mundo todo sabidamente anda infeliz?". A resposta:

> Porque novas descobertas da neurociência, da psicologia e da economia tornam absolutamente claro o elo entre uma força de trabalho feliz e contente e resultados melhores para atividade empresarial. A felicidade pode ter um impacto tanto para a empresa como para um país. (...) A ciência da felicidade já avançou muito.

> Seria tolice não tirar proveito desse conhecimento.
> (*apud* Teixeira, 2014).

Existem muitos mitos difundidos sobre o sentido de realização e a busca da felicidade no trabalho. Uma delas é de que a felicidade só vem quando se chega ao topo – como se a realização plena só acontecesse se você assumir a presidência da empresa. Não são poucos os executivos de que, ao chegar ao topo, se veem mergulhados em estresse e cobrança. Outro mito é de que só é feliz quem é dono do próprio negócio (no Brasil, infelizmente a maioria das empresas vai à falência nos primeiros anos de existência). Ou ainda o mito de felicidade encontrado em certos empregadores – vide a fama das empresas de tecnologia no Vale do Silício.

É com alegria, no entanto, que vejo mudanças na percepção do trabalho como algo associado a um peso negativo, um fardo do qual desejamos escapar. Das atividades consideradas mais modestas ou repetitivas ao trabalho criativo, das areias de Porto Seguro ao centro nervoso do sistema financeiro em São Paulo, cada vez mais pessoas buscam evitar a sensação de estar condenados ao trabalho. No dia a dia do La Torre, vejo como um dos motivos de sucesso do resort o nível de engajamento dos colaboradores.

Costumo dizer: você tem um problema? Traga para cá e a empresa vai lhe ouvir. Assim, volto ao ponto que já abordei alguns capítulos atrás: é preciso que a empresa abrace a vida do colaborador. Essa é a melhor forma de ter o seu engajamento. Caso contrário, o trabalho se restringirá única e exclusivamente à relação contratual entre empresa e colaborador.

É preciso ir além – por mais clichê que isso pareça. Uma relação se tornará saudável, profunda e benéfica para os dois lados se ela derivar não apenas dos estreitos limites do contrato, mas também da boa vontade, da criatividade, do consumo consciente do colaborador e do seu nível de satisfação – elementos que quase nunca se encontram no contrato, mas, sim, são criados e desenvolvidos ao longo do tempo na organização.

É por isso que o La Torre Resort costuma participar da vida de seus colaboradores, procurando saber os padrões de vida e de convivência de cada um. Aos poucos, fui descobrindo que o que é importante para eles seria também para mim. E vice-versa. Com isso, eles desistem de sair do emprego. Treinar um pescador para ser garçom ou recepcionista é o mais fácil. Difícil é mostrar que podemos ser atuantes em suas próprias vidas e fazê-los crescer ao nosso lado. A maioria dos empresários ignora essas lições.

Em todos os lugares, e não só em Porto Seguro, vejo a religião como um concorrente da empresa e da possibilidade de engajamento dos colaboradores. A religião tira o foco do trabalho, com uma incrível quantidade de atividades, grupos e reflexões que os levam a pensar que o trabalho não é tudo, que o trabalho não é a coisa mais importante de suas vidas.

Concordo que o trabalho não é e nem deve ser tudo na vida de alguém – o equilíbrio entre todas as dimensões da existência é a melhor forma de nos aproximarmos da satisfação pessoal. Essa flexibilidade permite aos trabalhadores uma ocupação e simultaneamente tempo livre para fazer coisas que apreciam. Como já escrevi anteriormente, isso parece especialmente verdadeiro entre os jovens. Os chamados *millenials* optam por uma relação diferente entre dinheiro e realização, por exemplo. Desejam uma renda decente e um padrão razoável de vida, mas grande parte opta por uma economia sob demanda: a equação pode significar mais tempo e menos coisas.

No entanto, se você quer sair de condições baixíssimas de vida, se quiser superar as dificuldades financeiras e existenciais por quais passam milhões de brasileiros, só há duas opções: trabalho e trabalho. Do céu, os dividendos não vão cair. Cabe ao empresário oferecer oportunidade, mas ao colaborador convém aproveitá-la. Quando, ao contrário, as pessoas perdem o estímulo do trabalho e abrem mão dos bens materiais, as suas ambições se tornam mais modestas ou inexistentes, e as outras dimensões da vida ficam ainda mais precárias.

Ao longo de minha vida, e observando isso diariamente à frente do La Torre, aprendi uma lição importantíssima: a felicidade, para muitas pessoas, pode significar se sentir em equilíbrio diante dos problemas ao redor; para outras, significa uma boa dose de harmonia entre dinheiro, *status* e satisfação pessoal; para mais algumas, pode ser o engajamento, o envolvimento e a possibilidade de oferecer uma pequena ou grande contribuição para a transformação do mundo; para outras tantas, a felicidade está no equilíbrio e na harmonia entre trabalho e vida pessoal; e para outras mais, está no lazer e nos bens que o dinheiro obtido pelo trabalho possa trazer.

Todavia, independentemente de qualquer roteiro definido para se alcançar a felicidade – no trabalho ou fora dele –, a verdade é que ela precisa estar dentro de cada um de nós. Se alguém pode tirar a sua felicidade, é porque ela não é autêntica. Para se jogar no mundo ou para se preservar, não importa, é preciso ter a felicidade consigo.

GERINDO O PRÓPRIO NEGÓCIO

CAPÍTULO 13

Em um livro chamado *The start-up of you*, Reid Hoffman, um dos fundadores da rede social LinkedIn, afirma que não podemos mais cultivar a expectativa de encontrar um emprego satisfatório. Em vez disso, devemos criar nossos empregos. O mundo do trabalho mudou muito na última década. Mudou porque seguiu em direção a estruturas organizacionais menos hierárquicas e mais colaborativas. Mudou na direção das empresas conectadas, das redes de informação internacionais e multiculturais. Mudou porque embarcamos em uma era em que é crescente o número de pessoas que (re)inventam seu próprio emprego. Daí o empreendedorismo ter se tornado algo tão forte, na teoria e na prática.

Apesar disso, em minhas palestras pelo país, costumo alertar: não confundam empreender com ser empresário. O empresário pode empreender – aliás, deveria empreender. Entretanto, nem todo empresário é um empreendedor. E um empreendedor pode ser um funcionário de uma empresa. A diferença entre um e outro é a capacidade de liderança. Quando falamos em líderes, pensamos nos chefes de equipes, que querem inspirar, tomar uma atitude proativa, empreender em prol dos seus liderados, do seu trabalho e de si mesmos.

Para empreender, é preciso assumir riscos. A palavra mais difícil para um empreendedor – e a que mais ele ouvirá em sua vida profissional – é "não". Um empreendedor vai sugerir uma ideia para o seu diretor ou para o seu investidor e ele responderá negativamente. Pode ser que sua ideia seja inviável, cara ou repleta de barreiras, transponíveis ou não, capazes de travar o caminho sugerido. De qualquer forma, o "não" será comum.

Quando o empreendedor sugere a mesma ideia para sua equipe, ela responderá "não", pois, com essa ideia, sairá da zona de conforto em que se encontra. Os liderados estão bem assim, tranquilos e serenos, sabendo onde pisam. Por que serem incomodados por uma ideia nova? Portanto, é muito comum encontrar resistências cada vez que se quer empreender para resolver uma situação.

Diante da resposta negativa, seja para "cima" (do chefe ou investidor) ou para "baixo" (dos liderados), há duas opções a serem escolhidas pelo empreendedor: ou ele vive um sentimento de medo, se retrai e talvez repense o seu papel de líder empreendedor; ou o "não" funciona como uma pimenta baiana na boca, daquelas bem apimentadas mesmo, capaz de mexer com o seu pensamento de maneira forte o suficiente para gerar adrenalina, levantar-se da cadeira, movimentar-se, mudar. Se você for capaz de dizer que transformará o "não" em "sim", a conclusão será inevitável: sim, você é um líder empreendedor de fato.

A alma empreendedora é, no fundo, essa capacidade de transformar um "não" em "sim". Um exemplo prático? A vida de um hotel. No início da minha fase de hoteleiro em Porto Seguro, houve um momento de aperto terrível. Os primeiros anos foram intensamente difíceis. A dificuldade de atrair hóspedes, os limites de Porto Seguro para o turismo internacional, o trabalho de formiga de seduzir parceiros e atrair turistas – problemas que já sublinhei nos capítulos iniciais deste livro.

Em um certo dia, visitei uma casa operadora que não vendia nosso hotel. Eu disse ao operador: "Tudo bem, não tem problema se não está disposto a vender o La Torre no mercado. Faça o seguinte: mande-me todos os hóspedes e passageiros que você identifica como insatisfeitos. Eu me comprometo a transformá-los em turistas satisfeitos". Eles toparam o desafio. Todas as pessoas que estavam reclamando da operadora, dos hotéis, das companhias aéreas, todas mesmo foram enviadas para o La Torre Resort.

Eram os clientes mais insatisfeitos e, por isso, bastante difíceis. A maior parte deles provinha de *overbooking* – situação na qual o hotel vende mais apartamentos do que tinha disponíveis e, portanto, o hóspede precisa ser realocado para outro hotel. O primeiro impacto dessa situação é sempre negativo, pois o passageiro se confronta com uma hospedagem que não havia escolhido e que, na maioria das vezes, vai julgar inferior ou vai querer tirar uma vantagem da situação inesperada, pois se sente naturalmente prejudicado. Outros eram hóspedes que queriam mudar de hotel devido à insatisfação com a hospedagem oferecida e, portanto, estavam bastante mal-humorados. No geral, eles estavam tão aborrecidos a ponto de já chegarem ao La Torre Resort com reclamações, como: "Não. Não está funcionando. Não estou satisfeito. Não estou gostando. Minhas férias não são um sucesso". Era o "não" imperando mais uma vez.

Ciente do tipo de hóspede que estava chegando, a tarefa do La Torre não era nada fácil: como transformar a estadia inesperada deles em um momento de felicidade? Esse era o grande desafio. Para concluí-lo, precisávamos nos superar na arte da hospitalidade. Passamos a enfrentar os "nãos" um a um.

O desafio imposto a toda a equipe do La Torre era um só: receber esses turistas infelizes e transformá-los em turistas felizes. Não desistíamos das investidas até que eles fizessem o *checkout* com a frase: "Olha, minhas férias iniciaram de um jeito errado, mas terminaram de um modo certo". Nunca desistíamos do "não", sempre o enfrentávamos.

E assim fizemos! Vale ressaltar que um hóspede insatisfeito que você consegue agradar se torna um hóspede fiel. Essa foi a estratégia para criar a nossa primeira base de clientes, a qual deu o impulso para tornar, mais tarde, o

La Torre o que ele é hoje. Foi uma experiência interessante e marcante para o processo de crescimento tanto do La Torre como negócio quanto de minha equipe como profissionais do turismo.

Empreender tem tudo a ver com liderança. Mais adiante, voltarei a falar especificamente do (novo) líder, mas, por agora, acho interessante mencionar o gráfico apontado por um expert em liderança: Simon Sinek. O palestrante, consultor e especialista em gestão e liderança inglês tem um modelo simples, mas poderoso: o *golden circle*, ou círculo dourado. Há alguns anos, ele pesquisou o segredo do sucesso de grandes marcas, codificou esse segredo e chegou à seguinte conclusão: a maioria dos líderes e das empresas sabe bem *o que* fazem, sabe bem *como* fazem, mas não sabe *por que* fazem.

Círculo dourado, de Simon Sinek.
Fonte: Sinek.

Sua teoria é a de que tudo se baseia em três pontos: por que, como e o que. Segundo Sinek, a maioria dos líderes e organizações vende seus projetos, seja para consumidores, parceiros ou colaboradores, a partir do "o quê". Suas ideias estão no livro *Starts with why*, que, no Brasil, foi lançado com o título de *Por quê? - Como grandes líderes inspiram ação*. Diz ele:

> Cada organização no planeta sabe o que faz. Alguns sabem como fazem. Mas, poucas, muito poucas pessoas ou organizações sabem por que fazem o que fazem. E por "por que" não quero dizer "fazer lucros". Isso é um resultado. Por "por que" eu quero dizer: qual é o seu propósito? Qual é a causa? Qual é a sua crença? Por que sua organização existe? Por que você sai da cama pela manhã? E por que alguém deveria se importar?

Um empreendedor busca responder essas questões e se inquieta quando não as tem.

Sob a perspectiva do La Torre, vejamos. O que fazemos? Hotelaria. Como? Recebendo turistas. E pronto. Não explicamos por que fazemos isso, nem o motivo da nossa profissão, nem as razões que explicam a nossa paixão. Sem o "por que", caímos na esparrela da comunicação mais básica. "Somos o melhor hotel ou o melhor restaurante de Porto Seguro" poderia ser uma frase dita por um empreendedor da cidade onde fica o La Torre. Por outro lado, é basilar ter uma resposta para a pergunta: "Por que somos o melhor e os outros são ruins?". Encontrar essa resposta fez a diferença na condução do meu negócio.

Foi gerindo o meu negócio e pensando como um empreendedor de fato que cheguei a um novo tipo de comunicação com o turista. Não se trata de dizer "somos o melhor de Porto Seguro" ou "somos o primeiro de Porto Seguro" (falando assim, eu poderia apenas admitir o quanto sou velho, pois teria chegado na época de Cabral). Preferimos dizer: "Acreditamos na hospitalidade como uma arte de criar espaços de compartilhamento de experiências, onde podemos fazer amizade de forma sincera. Por isso, construímos um resort. Quer vir ao La Torre?".

Isso soa diferente, não? Explica o sentimento do que estamos querendo fazer e o porquê de estarmos fazendo aquilo. Esse tipo de conduta e de comunicação fez uma enorme diferença em um dos melhores exemplos de ação bem-sucedida protagonizado pela equipe do La Torre: a Copa do Mundo de 2014.

O Brasil organizou a Copa daquele ano, como todos sabem. Havia mais de 800 candidatos para se tornar um Centro de Treinamento e receber uma das 32 seleções que disputariam a competição. Foram mais de três anos de preparo, avaliação da estrutura e elaboração de estratégias para chegar ao veredicto final. Dezenas de visitas técnicas por parte da FIFA e de todos os órgãos reguladores brasileiros. Investimentos em estrutura, mas, principalmente, na capacitação profissional dos colaboradores.

    Finalmente, o La Torre Resort foi escolhido para receber oficialmente a seleção da Suíça. Logo em seguida, fomos escolhidos pela presidência da seleção da Alemanha para hospedar os dirigentes de sua federação. Tivemos a honra de acompanhar todos os jogos da seleção da Suíça e vivenciar a Copa do Mundo nos sentindo como parte dela. Ainda hoje, são parte de nossa memória – e mesmo daqueles que não conhecem o resort – as imagens das entrevistas com os jogadores sendo realizadas nas areias do Mutá, em pleno La Torre. Quem nos visita ainda pode ver o nome dos jogadores suíços na porta de algumas das nossas acomodações.

    O relacionamento com a maioria dos jogadores e membros da delegação foi muito amigável, especialmente com o capitão Gökhan Inler, que era também capitão do Napoli, na Itália. Ele fez aniversário durante a sua estadia no La Torre e acabamos festejando na minha casa. No entanto, mais impressionante foi ver o comportamento dos hóspedes que, obviamente, queriam tirar fotos com os jogadores, que, por sua vez, sempre se mostravam dispostos a parar e posar junto com eles. Um caso divertido aconteceu com o Xherdan Shaqiri, quando uma hóspede se aproximou e colocou nos braços dele um recém-nascido de poucos meses para tirar uma foto. Acredito que ele nunca tinha segurado uma criança tão pequena e ficou apavorado, mas mesmo assim posou para foto.

A passagem da tocha olímpica foi outro momento marcante. Em 2016, chegaram as Olimpíadas no Brasil e Porto Seguro teve a honra de receber a tocha, que pernoitou no La Torre, criando um orgulho gigantesco em todos os colaboradores. Os Jogos Olímpicos conseguem realmente trazer o sentimento de paz e união dos povos que eles representam. A tocha olímpica é um símbolo que todos querem segurar pelo menos uma vez na vida. Foi uma passagem inesquecível e merece ser registrada.

É preciso ter alma para empreender, coragem para assumir riscos e capacidade de liderança para transformar a alma e a coragem em prática.

No livro *Como encontrar o trabalho de sua vida*, o professor Roman Krznaric – membro fundador da famosa The School of Life, de Londres – cita o visionário economista E.F. Schumacher:

> Em sua obra intitulada *Good Work*, Schumacher descreve o "anseio por liberdade que se espalhou por toda a sociedade ocidental". Tal anseio, diz ele, abarca algumas ideias libertadoras:
>
> "Não quero cair na rotina.

> Não quero ser escravizado por máquinas, burocracias, tédio e feiura.
> Não quero me tornar um imbecil, um robô, um peão.
> Não quero me tornar um fragmento de pessoa.
> Quero fazer o meu próprio trabalho.
> Quero viver com (relativa) simplicidade.
> Quero lidar com pessoas, não com máscaras.
> As pessoas importam. A natureza importa. A beleza importa. A inteireza importa.
> Quero ser capaz de me *importar*." (Schumacher *apud* Krznaric, 2018)

Como sublinhou Krznaric, esse manifesto poético das aspirações humanas foi escrito na década de 1970, mas tem capacidade para ecoar no coração e nas mentes daqueles que, hoje, sentem-se infelizes em seus trabalhos – em geral, por enfrentarem uma carga crônica e pela dificuldade em conciliar as atividades profissionais com as horas desejadas de dedicação à família, ao lazer e aos *hobbies* individuais.

> Podem apreciar diversos aspectos dos seus trabalhos, mas não gostam de receber diariamente ordens de chefes insuportáveis. Falam de não terem tempo suficiente para "equilibrar trabalho e vida pessoal". Sonham com mais tempo livre, mais autonomia, mais espaço

em suas vidas para relacionamentos e para serem elas mesmas. (Krznaric)

É importante ressaltar que nem todos os profissionais sofrem com esse tipo de restrição; muitos se realizam com trabalho duro e longas jornadas. Dedicam-se intensamente à carreira pelas quais são apaixonados – e só a elas. Todavia, o nirvana produtivo não é um bem adquirido por todos. É possível admitir, portanto, que a essência do manifesto citado é atender ao desejo humano por maior liberdade.

    A resposta apresenta três dilemas, destaca o professor no livro *Como encontrar o trabalho de sua vida*: devemos optar pela segurança e pela estabilidade de um emprego assalariado ou inventar nosso próprio emprego, sendo chefes de nós mesmos? Devemos desistir da ética do trabalho duro e abandonar a meta de encontrar um emprego que nos realize profissionalmente para, em seu lugar, buscar um trabalho visando à nossa realização pessoal? Como equilibrar nossas ambições profissionais com o desejo de ter uma família, já que duas coisas podem não só gerar tensões emocionais, como também criar uma enorme pressão sobre as horas limitadas de que dispomos?

    Ao fazer nossas escolhas de vida, especialmente escolhas de carreira, desejamos, em geral, algum tipo de estabilidade, especialmente em época de incerteza econômica. É preciso uma renda regular para pagar as despesas básicas de vida, da escola dos filhos ao financiamento da casa. Vivemos em busca de segurança emocional e segurança material. São coisas que podemos encontrar em um casamento feliz, na convivência em comunidade ou no local de trabalho – um emprego estável, com rede de amizades confiável, senso de identidade e sentimento de valorização estão entre os atributos de uma segurança conquistada no trabalho.

Paralelamente, o ser humano é também motivado pela busca da liberdade individual. Revoltas, lutas sociais e disputas políticas foram, ao longo da história, resultado do desejo de indivíduos e grupos sociais de usufruir da liberdade. Esse dilema é igualmente verdadeiro no mundo do trabalho. Em nome da autonomia e da liberdade para tomar as próprias decisões, muitos optam por criar o próprio emprego: deixam seus trabalhos em organizações e vão atuar por conta própria, abrindo seu negócio ou trabalhando como *freelancers*. O sentimento de independência, no entanto, chega lado a lado com o da insegurança, afinal, os riscos são inevitáveis: o fim de uma remuneração fixa e previsível se soma a mais trabalho, mais responsabilidade, mais incertezas. Os adeptos do próprio emprego, do autoemprego ou do empreendedorismo lembram que as crises financeiras já demonstraram o quanto todos são peças dispensáveis de uma engrenagem. Em outras palavras, ninguém está seguro em seu emprego. Pode ser verdade, mas não deixa de parecer arriscado abrir mão de um salário regular durante uma recessão para se estar inseguro quanto ao sucesso de uma nova carreira independente.

Volto aqui ao economista Muhammad Yunus, prêmio Nobel da Paz em 2006 pela criação do "banco dos pobres". Em 2015, ao passar por aqui, ele conclamou os brasileiros a saírem de suas zonas de conforto, buscarem soluções criativas contra a miséria e criarem postos de trabalho em uma economia em crise. Para ele, é essencial ter em mente não apenas a possibilidade de procurar trabalho, mas a de criar oportunidades de trabalho. "Crie seu próprio mundo. Assim, chegaremos a zero de desemprego", disse o economista de Bangladesh.

Claro, é preciso cautela com posicionamentos desse tipo. A vocação empreendedora e a disposição para enfrentar riscos adicionais não são características universais. Fazer escolhas desse tipo significa não só atender a uma vontade, mas identificar, reconhecer e enfatizar atributos muito próprios. Ao mesmo tempo, há alguns mitos em torno de uma suposta audácia como marca do empreendedor. O senso comum diria que um empreendedor de sucesso ousa correr riscos, assume posturas audaciosas e não hesita diante de dificuldades. Isso pode ser verdadeiro em muitos casos, mas nem sempre.

Um estudo da Universidade da Califórnia, em Berkeley, realizado em 2015, mostrou que, embora iniciar um negócio sempre inclua uma margem de risco, os empreendedores, em geral, se dão bem justamente pelo medo de perder aquilo de que estão abrindo mão (como um emprego sólido em uma grande corporação), desenvolvendo aversão a perdas, em vez de culto ao risco. A possibilidade de perder ganhos em salário e posições de prestígio profissional faz os candidatos a empreendedor se dedicarem com muito mais afinco à nova atividade. Segundo os autores da pesquisa, os professores John Morgan e Dana Sisak, os novos empreendedores estão mais preocupados em evitar perdas do que em obter mais ganhos (*apud* Ferrari, 2014).

Acrescento o trabalho da revista *Business Strategy Review*, da London Business School, que elaborou uma lista de oito verdades sobre o empreendedorismo. Elas podem não ser totalmente aplicáveis para todo empreendedor, mas servem de balizas para desfazer alguns mitos. São elas (*apud* Ferrari, 2014):

1. Nem todo mundo que se diz empreendedor é de fato: não basta atuar como um; é preciso ter o empreendedorismo no sangue. "Empreendedor é algo que se é, não algo que se faz", disse Georgina Peters (Ferrari, 2014).

2. Os empreendedores são atraídos por negócios que funcionam e não são escravos de uma ideia: pragmatismo e determinação se combinam nessas pessoas. Muita gente tem boas ideias, mas os empreendedores são os que têm capacidade de torná-las realidade. Ou, então, de adotar sem problemas o "Plano B" se houver nele mais chance de sucesso.
3. Os empreendedores mostram ambição em sua forma pura: não se trata de ambição de ficar rico, mas de mudar o mundo ou sacudir o mercado.
4. Empreendedores resolvem problemas: são aquelas pessoas que, quando o carro quebra no meio de uma estrada deserta, tentam consertar em vez de sentar e chorar. Encontrar uma oportunidade de negócio é como achar uma equação para solucionar.
5. Não se detêm diante dos próprios limites e deficiências: quando alguém se torna empreendedor, aprende rapidamente o que sabe e o que não sabe fazer. O jeito é desenvolver novas habilidades.
6. Chamam outras pessoas para preencher as lacunas: os verdadeiros empreendedores não têm medo de pedir ajuda e possuem habilidade para isso. Têm cara de pau e constroem redes de contatos úteis.

7. Têm opiniões firmes, mas não são egocêntricos: empreendedores gostam de expressar suas opiniões e são adeptos da simplificação, não da complicação – o que lhes dá grande poder de convencimento. No entanto, como toda boa companhia, também sabem ouvir e levar em consideração as ideias alheias.
8. Empreendedores não conseguem consertar o mundo sozinhos: as habilidades de fazer um negócio ganhar escala não costumam ser o ponto forte dos empreendedores. A gestão de pessoas, em especial, costuma ser um pesadelo para eles. São coisas minuciosas e sinuosas demais para quem quer mudar o mundo. É preciso pedir ajuda de quem sabe lidar com isso.

Por isso, concluo: inventar o próprio emprego não significa se ver livre *do* seu emprego, mas ser livre e independente *dentro* dele. Isso implica apaixonar-se por uma ideia, ter a coragem de deixar algo para trás, mudar de vida (ou de opinião), jogar fora os preconceitos e pensar diferente. Com uma certeza: inventar o próprio emprego está longe de significar se ver livre dos nossos empregos, mas se ver livre dentro desses mesmos empregos.

O LÍDER TERRAUM E O LÍDER TERRADOIS

CAPÍTULO 14

Tornar-se um líder pós-moderno sempre foi um sonho pessoal. Como já pude dizer aqui, uma das ideias que me levou a mudar de país foi a vontade de implementar um modelo pós-moderno de liderança dentro de uma empresa, tarefa que não conseguia pôr em prática na Europa. Como afirmei, eu me inquietava demais com o modo como o trabalho e as relações eram construídas em solo europeu. Alguns dos problemas que eu percebia eram as estruturas corporativas engessadas, a hierarquia demasiadamente vertical e o modelo de liderança tradicional, baseado em controle, em ordem, em chefia, em síntese. Eu via o quanto o sistema europeu matava a criatividade do empreendedor – e lamentava por isso. Eu não iria longe daquela forma.

Mudei-me para o Brasil pensando em construir um negócio que fosse a minha imagem, que refletisse minha forma de empreender. Um modelo empresarial com viés forte, capaz de entender mais o lado humano das pessoas que integram a cadeia produtiva do negócio. Sobretudo, um modelo de liderança que passasse pela inspiração, e não pelo mando; pelo compartilhamento de experiência e construção coletiva, e não pelo controle e direção. Na época, eu não tinha consciência de conceitos, mas, no fundo, eu mirava a ideia de um líder pós-moderno. Colocaria o moderno de cabeça para baixo em busca do pós-moderno.

Anos depois, eu conheceria uma nova denominação, com o mesmo sentido imaginado por mim. Era a do psicanalista Jorge Forbes. Para ele, havia uma distinção clara (ou muitas distinções) entre o que chamava de TerraUm e TerraDois – uma forma menos acadêmica, mais envolvente e mais elucidativa de chamar o moderno e o pós-moderno.

Forbes chama de TerraDois esse novo planeta que habitamos. Como sublinhei nas primeiras páginas deste livro, TerraDois é geograficamente igual à TerraUm. Contudo, os mapas de comportamento (e as soluções para os problemas que enfrentamos) são rigorosamente diferentes. Tudo muda: educar, estudar, amar, casar, trabalhar, tudo é radicalmente distinto. A escola perdeu o bonde da história e os professores se desesperam com o desinteresse dos alunos. Surgiu um novo amor. Há mais divórcios do que antes. O trabalho não é mais apenas o local onde se ganha dinheiro, a fim de gastá-lo no que importa. Como afirma Forbes, o trabalho em si tem que importar. E assim por diante.

No trabalho com Jorge Forbes*, aprofundei o conhecimento sobre esses dois mundos – TerraUm e TerraDois. Em TerraUm, havia uma ordem vertical. Em TerraDois, ou seja, hoje, a ordem é horizontal. Da orientação paterna,

---

* Durante comunicações pessoais e consultorias.

chegamos às articulações coletivas. Da verdade de TerraUm, passamos às certezas temporárias de TerraDois. Do estático para o interativo. Do treinamento para as experiências. Da avaliação para a responsabilização. Da adversidade para a oportunidade. Da razão asséptica para a razão sensível.

    O líder é outro. O líder moderno é hierárquico, vertical como sua organização; o líder pós-moderno compartilha, é horizontal também como sua organização. O moderno atribui notas; o pós-moderno, responsabilidades. O líder moderno se assegura nas verdades; o pós-moderno convive com as ambiguidades. O líder moderno tem *status*; o pós-moderno, estilo. O líder moderno busca o lucro no mundo; o pós-moderno associa o lucro com a construção do mundo. O líder moderno comunica; o pós-moderno envolve. O líder moderno controla e dirige; o pós-moderno inspira e entusiasma.

    Então se chega a uma diferença essencial: a distância que separa o líder chefe do líder inspirador. Deixar de ser um líder chefe para ser um líder inspirador não é fácil. Não se faz isso sem muito trabalho, sem dores de cabeça, sem conflitos internos, sem idas e vindas, avanços e recuos constantes.

    Há uns sete ou oito anos, eu fazia muitas reuniões com os colaboradores do La Torre para implementar novas ideias. Meu modelo de futuro era o pós-moderno, mas a estratégia para alcançá-lo era moderna. Eu era um líder chefe, diretivo. A empresa tinha 60 colaboradores. A tensão era grande, a resistência era enorme. Em um desses dias de embates, xinguei-os, todos. Disse que iria embora. O pessoal chorou. Juntaram-se quase todos os colaboradores em volta de mim e pediram desculpas. Iriam mudar. Um ano depois, os mesmos tipos de problemas, a mesma situação. Voltei a brigar. Passado mais um ano, as pessoas foram embora antes de mim no maior silêncio. O recado estava dado. O líder chefe acabou ali, naquele dia.

Pensei: se eu quiser conquistar essa equipe, tenho de inspirar, e não controlar e dirigir. A transição ocorre por meio de histórias e experiências. Significa errar e retificar. Aprender junto com os colaboradores e os hóspedes. A inspiração de TerraDois vem das pessoas. Um líder não aprende se vive unicamente no mundo de elite.

Houve uma época em que a motivação era mais importante do que a inspiração. Em um mundo que aceita menos a hierarquia e o controle e pede mais diversidade e sensibilidade, o líder precisa adotar movimentos mais suaves. No entanto, há momentos em que não se pode falar no líder inspirador. É quando o crescimento é muito acelerado. Nesses casos, o perfil é outro. Exige injeção de adrenalina, aceleração e estímulo. Em outros momentos, a motivação pode ser nula. Para ilustrar, podemos citar as palavras motivacionais e aqueles exercícios típicos de mandar a plateia correr. Você perceberá: todos sairão correndo, mas ninguém corre na mesma direção. Todos correm atrás do próprio ideal. Resultado: você motiva, mas cria uma bagunça. Foca e dedica energia, mas pode gerar uma energia caótica, sem foco.

Não à toa, especialistas ressaltam a necessidade de separar motivação de estímulo. Segundo essa visão, a motivação seria interna, e o estímulo, externo. É possível incentivar outra pessoa e a estimular, mas não é possível motivá-la. Um gestor pode estimular e impulsionar alguém que trabalha com ele, mas dificilmente pode obrigá-lo a fazer algo a partir de uma atitude que deve emanar da própria pessoa. Se não tiver origem no próprio profissional, o integrante da equipe é até capaz de cumprir uma ordem, mas provavelmente não estará motivado. Fará aquilo como tarefa, como dever, mas não como uma motivação.

Os estímulos ocorrem de diferentes maneiras: pela formação, pelo reconhecimento, pelo elogio, pela valorização, pela capacidade de orientar sem humilhar, pelo estabelecimento de metas e prazos capazes de permitir ao profissional seguir na direção desejada em vez de se acomodar na situação em que se encontra. O estímulo pode vir, portanto, na forma de um prêmio, de um retorno financeiro ou de reconhecimento da autoria ou da qualidade daquele profissional e sua contribuição para uma tarefa, para uma equipe ou para uma empresa.

Em 2010, Dan Pink publicou um livro intitulado *Drive: the surprising truth about what motivate us* (*Motivação: a verdade surpreendente sobre o que realmente nos motiva*, em tradução livre). Pink é um analista de carreira com estilo *pop*, ex-redator de discursos do ex-vice-presidente dos EUA Al Gore e autor de uma palestra bastante popular no TED Talks, batizada de "A surpreendente ciência da motivação". No livro, Pink usa a terminologia da internet para identificar os três modelos motivacionais e explicar seu desenvolvimento. São eles:

- Motivação 1.0: até a Revolução Industrial, a maior parte da humanidade estava preocupada apenas com o que teria para comer na próxima refeição e onde iria dormir. A principal força impulsionadora do ser humano foi a mera sobrevivência.
- Motivação 2.0: o enriquecimento de uma parte da população global levou à passagem gradativa para a segunda fase. Nela, descobrimos que, ao dar uma recompensa para alguém, essa pessoa tenderá a repetir a ação que a fez ser recompensada. Ao puni-la, ocorre o oposto. Esse modelo motivacional ganhou força no mundo corporativo no

século passado, transformando-se em uma das essências da empresa moderna.
- Motivação 3.0: é o modelo que Pink defende para o mundo contemporâneo. Segundo ele, as companhias precisam mudar e passar a aplicar tanto a recompensa emocional quanto a financeira. Por essa lógica, a motivação deixa de se basear somente em fatores tangíveis, como o salário, e passa a se basear também em aspectos intangíveis da função ou do trabalho. Um exemplo é uma política de horários flexíveis, que permite ao funcionário chegar em um horário que lhe seja conveniente. O intangível, no caso, seria a liberdade, a possibilidade de gerenciar de maneira mais plena a própria vida.

A liderança é um processo em constante evolução. Acredito que as pessoas podem mudar e que todos nascemos iguais, com as mesmas oportunidades. O que muda é que crescemos de formas diferentes e moldamos nosso caráter de forma individual. Compartilho a teoria da psicóloga estadunidense Amy Cuddy: "Podemos mudar alterando nossa postura". Nada se acha, tudo se constrói. Inclusive os líderes são uma construção permanente. Os melhores colaboradores são os frutos que você colheu verdes e fez amadurecer com muita atenção e carinho.

O elemento determinante para a construção de um bom líder não é o tempo, mas, sim, a intensidade do trabalho desenvolvido. Com isso em mente, é preciso ressaltar que ser líder significa construir ambientes de pessoas em que as emoções sejam compartilhas e todos estejam com vontade de fazer o bem; significa criar oportunidades para sua equipe e as pessoas à sua volta; significa ter vontade de aprender e estudar, pois só assim terá algo para dividir com sua equipe; significa construir uma história de vida.

O líder, nunca é demais repetir, é aquele que empreende. Ele não é, necessariamente, a pessoa mais simpática ou carismática. Ter carisma não significa liderar. São mais de vinte anos que administro empresas em vários países, vários continentes e vários idiomas. Os últimos quinze ou dezesseis anos no Brasil foram, sem dúvida, os mais desafiadores e interessantes para mim, embora também os mais complicados.

Nesses anos, eu identifiquei sete pontos cruciais da liderança, que detalhei em uma palestra intitulada "7 passos para o xeque-mate: estratégia de liderança". Aqui, eu sintetizo o que explicitei na palestra, retomando alguns temas já tratados em capítulos anteriores, como mudança, empreendedorismo e doação. Os 7 pontos são:

1. Mudar: mudar para sobreviver, porque, para ser um líder, é preciso conviver bem com a mudança. Um líder muda. Um líder se recusa a ficar parado no sofá e observar o mundo sem entender a mudança que proporciona sobre sua própria vida e sobre a vida das organizações e das pessoas. Darwin disse: "Não é o mais forte que sobrevive, nem o mais inteligente, mas o que melhor se adapta às mudanças". Um líder sai de sua zona de conforto e deseja ser o protagonista da mudança. Deseja ser aquele que faz o mundo mudar. Quem não quer mudar fecha as portas para o futuro. Quem quer, aceita construir o futuro. Para um líder, mudar é um prazer; ficar parado, um pesadelo.

2. Sonhar: sonhar, todos sonham. A diferença entre o líder e os demais está na crença ou na convicção de que os seus sonhos podem, de fato, virar realidade. Os grandes inovadores e os grandes líderes da humanidade tinham algo em comum: sonhavam o aparentemente inalcançável. Traziam o sonho para perto de suas vidas. Contagiavam as pessoas com os seus sonhos, permitindo que elas sonhassem junto. E, muitas vezes, faziam isso sacrificando-se. A imagem do estudante confrontando um tanque militar na praça da Paz Celestial (Tian'an Men) na China é um dos símbolos desse tipo de sonho: o recado do combate ao impossível de

ser combatido, às forças armadas chinesas, à falta de liberdade de expressão, à falta de abertura democrática. O sonho do líder Martin Luther King, o célebre autor do discurso "*I have a dream*", era ver um mundo onde brancos e negros tivessem os mesmos direitos, sem que os negros precisassem frequentar ônibus, lojas e hospitais diferentes dos brancos. Para um líder, sonhar significa dormir de olhos abertos, enxergar uma dimensão paralela na qual o imaginário pode virar realidade. É curioso ter uma vida repleta de sonhos - sonhamos em ter sucesso na profissão, encontrar um amor, garantir um futuro melhor para os filhos, viver bem financeiramente, viajar, engajar-se em uma causa social, ter saúde, cultivar amizades. Entretanto, mesmo sonhando todos esses sonhos, nos entregamos à rotina e nos rendemos aos obstáculos. A capacidade de sonhar precisa andar lado a lado com ações objetivas para que os projetos sejam realizados. Sonho desprovido de realidade tende a naufragar. "Seja a mudança que você quer ver no mundo", disse o líder indiano Mahatma Gandhi, mostrando que pensar em sonhos requer também ações individuais.

3. Viver: são poucos os que se perguntam: por que vivemos? Um líder tem um relacionamento muito mais próximo e mais íntimo com a própria vida. Um líder não

desperdiça sua vida. Um líder sabe por que está vivo. Um líder procura saber por que os outros estão vivos e o que farão com suas vidas. Para um líder, a missão da vida é proporcionar felicidade e bem-estar para os outros. Como afirmou o autor alemão Goethe: "É feliz apenas aquele que dá".

4. Doar: a doação de um líder exige desapego, como já dito em outros capítulos. O desapego nos ajuda a tirar o fardo do passado e do presente e também nos torna mais livres, seja para escolher novos caminhos na construção de um futuro ou para nos preparar para absorver novos conhecimentos, novos desafios. Praticamos esse desapego ao doar. É comum nos questionarmos: "Em um mundo tão materialista, em que somos o que possuímos e somos avaliados pelos nossos bens materiais muito mais do que pelos espirituais, é possível doar?". Sim, claro que é possível doar, especialmente para um líder. Como já afirmei, a doação não tem reciprocidade, passa de uma mão para outra sem nenhuma expectativa, sem querer algo em troca. Para um líder, empreendedor ou empresário, doar é importante porque lhe deixa com um espaço interno pronto para receber novos conhecimentos, novos sentimentos, novas emoções.

5. Inovar: para um líder, inovar é o maior e mais constante desafio. De Walt Disney: "Eu gosto do impossível

porque lá a concorrência é menor". Falamos, anteriormente, sobre o líder inspirador, e, neste ponto do livro, é um bom momento para reforçar o tema. Como inspirar uma equipe? Inovando. A inovação seduzirá as pessoas que trabalham ao seu redor. A inovação fará sua equipe lhe seguir e acreditar em você. Diferentemente do que muitos pensam, inovação não está atrelada somente à tecnologia. Inovar é surpreender. É fazer algo diferente. Nesse sentido, a primeira coisa que precisa mudar na inovação é o ser humano, o modo como ele se comporta e pensa. Ser um líder inspirador é como ser uma marca: é preciso monitorar o tempo inteiro se os liderados respeitam, seguem e reconhecem o líder como tal.

6. Empreender: como já dediquei mais de um capítulo a esse tema, serei sucinto. Para um líder, empreender é a esperança de contribuir para uma causa que considero a mais nobre de todas: construir um mundo melhor. Aqui, relembro a necessidade de distinguir um empresário de um empreendedor. O empreendedor é aquele que lidera de forma inspiradora. Volto também ao círculo dourado do inglês Simon Sinek e à questão "Por quê?". Seus exemplos incluem a Apple, Martin Luther King e os irmãos Wright. Saber por que faz o que faz é a grande diferença de um líder.

7. Amar: chegamos ao xeque-mate com o amor. Não estamos falando somente do amor entre duas pessoas. Esse nós conhecemos bem. O amor a que me refiro é aquele que dedicamos ao que fazemos: o amor pelo trabalho, pela profissão, pela carreira, pelos liderados, pelas pessoas que nos cercam. É o amor que você coloca em cada gesto, naquilo que produz, um prato, um corte de cabelo, a jardinagem, a advocacia, a hospitalidade, não importa o quê. Importa o amor dedicado à sua missão. Um cliente, um hóspede, seja quem for que estiver do outro lado, sentirá se você agiu de maneira mecânica ou efetivamente com amor. Pensar no amor no campo dos negócios e da liderança é o que nos leva a não pensar apenas no lucro. Lucro é consequência. E é consequência do gesto de amor que você exibe no dia a dia do seu trabalho e de sua liderança. Sem amor, transformamos planejamentos estratégicos em planilhas, cálculos ou visões complexas que jamais se realizarão. Com amor, valorizamos cada passo do que fazemos, testamos, analisamos, medimos e avançamos, sem medir apenas o resultado. Com amor, enfatizamos os valores éticos de nossa profissão. Sem amor, geramos apenas complexidade no nosso discurso, sem transparência ou honestidade. Com amor, há liberdade de ideias e respeito às diferenças. Sem amor, há controle e rigidez.

A INSPIRAÇÃO DO SUCESSO. OU O SUCESSO DA INSPIRAÇÃO

CAPÍTULO 15

Encerrei o capítulo anterior falando de amor e sublinhando, dentre outros pontos, que o lucro é consequência de algo maior. O sucesso financeiro é inspirador?

O exemplo da Itália é lapidar. Os italianos conviveram com dois mandatos consecutivos liderados por Silvio Berlusconi. Sua maior inspiração era fazer a população sonhar com o seu patrimônio. Com isso, concluo: riqueza não é inspiradora, mas, sim, geradora de ganância. Pensar no lucro, acima de todas as coisas, também. Se um adulto desejar ter a riqueza de Bill Gates ou Donald Trump, só encontrará frustração.

Um líder desperta em você o sonho. Todavia, é preciso ser um sonho de fato – como aquele ideal da felicidade, que precisa estar em você, não em outra pessoa ou outro lugar. A inspiração tem de ser conquistada, e isso não ocorre facilmente. Exige sangue, suor e lágrimas. Conseguimos inspirar alguém quando realmente compartilhamos um sonho que merece o entusiasmo dos demais. Esses sonhos também não surgem com facilidade, pois também exigem sangue, suor e lágrimas.

Assim como o lucro, o sucesso será consequência de um projeto maior. Ideias, e não o lucro financeiro, são capazes de transformar uma realidade, uma sociedade, uma empresa, um indivíduo. Essa é a missão que instituí para mim mesmo, e é a inspiração que desejo passar para meus colaboradores, liderados e também para você, leitor ou leitora.

A força de uma ideia permite que ela se torne capaz de ser fincada na cabeça das pessoas. Uma ideia de força, inspiradora, torna-se irresistível. Claro que não basta ter uma boa ideia, é preciso ter pessoas influentes e hábeis para conduzi-la – daí vem o peso dos líderes no sucesso das organizações. É preciso também um ambiente propício para difundir as boas ideias. É o contexto. O ambiente. Afinal, pessoas são inspiradas e influenciadas por líderes e pelo ambiente à sua volta.

Quando não está restrito à questão financeira, sucesso não é algo tão fácil de definir quanto parece. Contudo, é incrível o quanto se vende de receita e de fórmulas para alcançá-lo. Basta ver a quantidade de obras focadas em "sucesso" na capa, invariavelmente apontando os caminhos para alcançá-lo, em fórmulas prontas e infalíveis.

Sucesso e felicidade são dois eixos centrais da vida contemporânea. E, embora estejam entrelaçados, sucesso e felicidade não são a mesma coisa. Parece algo óbvio de dizer, mas para muitos não é tão elementar quanto parece.

Autor do livro *Stumbling on happiness* (*Tropeçar na felicidade*) e badalado pesquisador de Harvard, o psicólogo estadunidense Dan Gilbert contestou a ideia de que seremos infelizes se não tivermos o que desejamos – e vice-versa, seremos felizes se conquistarmos o que almejamos. Gilbert fala de um "sistema imunológico psicológico" que nos permite ser feliz mesmos quando as coisas não saem como o planejado. É um sistema de processos cognitivos, em grande parte não conscientes, que nos ajuda a mudar a forma de ver o mundo para poder nos sentirmos melhor nas situações com as quais nos deparamos.

É isso que reduz o impacto sobre a felicidade – segundo os experimentos conduzidos por Gilbert – vencer ou perder uma eleição, começar ou terminar um relacionamento, receber ou não uma promoção, ser aprovado ou não em uma prova da faculdade. O psicólogo, no fundo, não fala sobre como ser feliz, nem sobre por que as pessoas não são felizes, e sim sobre por que as pessoas não sabem o que as tornará mais felizes. Em uma entrevista ao jornal *El País*, ele disse:

> Os seres humanos subvalorizam sua própria resiliência: não percebem como será fácil mudar a sua visão do mundo caso aconteça algo ruim. Sempre supervalorizam o quanto serão infelizes diante de alguma adversidade.

Um *best-seller* recente joga o papel da garra como forma de concretizar seu potencial para alcançar sucesso e felicidade. *Garra – o poder da paixão e da perseverança* é escrito por uma professora de psicologia da Universidade da Pensilvânia chamada Angela Duckworth. Uma de suas teses é de que a paixão e a perseverança valem mais do que o talento para alcançar suas metas de longo prazo. A obsessão pelo talento nos desvia dessa verdade simples, diz ela. Vale reproduzir um trecho:

> Muitas vezes me perguntam se incentivar a garra não constitui um desserviço às crianças, ao fixar expectativas altas demais. "Cuidado, doutora Duckworth, ou muitas crianças vão crescer achando que podem ser um Usain Bolt, um Wolfgang Mozart ou um Albert Einstein." Se não podemos ser Einstein, vale a pena estudar física? Se não podemos ser Bolt, para que dar uma corrida de manhã? Considero essas perguntas absurdas. Se minha filha me disser: "Mamãe, não vou estudar piano hoje porque eu nunca vou ser Mozart". Responderei: "Você não está estudando piano para ser Mozart".

Todos nós temos limites, não só em relação a talento, mas também no que se refere a oportunidades. Entretanto, com mais frequência do que pensamos, nós mesmos nos impomos essas limitações. Tentamos, fracassamos e concluímos que batemos de cabeça no teto da possibilidade. Ou, talvez, depois de dar apenas alguns passos, mudamos de direção. Nos dois casos, nunca vamos até onde poderíamos ter chegado. Ter garra é não deixar de pôr um pé diante do outro. Ter garra é buscar uma meta interessante e significativa. Ter garra é dedicar-se, dia e noite, semana após semana, durante anos a fio, a uma atividade desafiadora. Ter garra é cair sete vezes e levantar oito.

Ao longo deste livro, explorei diversas vezes o papel do líder e sua relação com sucesso, crises, oportunidades e ambientes de mudança. Esses temas acabam sendo recorrentes para o universo de pessoas que lidam com trabalho, carreira, realização, inspiração e projeto de futuro. Como o leitor pôde notar ao longo destas páginas, esses mesmos sentidos acompanharam minha vida – das dificuldades na Europa ao sucesso do La Torre, em Porto Seguro.

Buscar exemplos de sucesso, capazes de inspirar e moldar nossos próprios projetos, é um caminho natural para qualquer pessoa – empreendedora ou não. Todavia, infelizmente a realidade é bastante difícil, e não só no Brasil. A revista *Harvard Business Review* mostrou, em sua edição de dezembro de 2017, uma constatação inquietante a partir de um levantamento de 62 transformações corporativas ao longo de quatro anos: "Mesmo com uma compreensão significativamente melhor das transformações empresariais – graças ao trabalho de pesquisadores e consultores – a taxa de sucesso ainda é sofrível."

Segundo a revista, "estudos revelam que cerca de três quartos das iniciativas de mudança fracassam, deixando de entregar os benefícios prometidos ou sendo completamente abandonadas". A *Harvard Business Review* aponta que em razão de, em geral, as falhas de implementação serem indicadas como responsáveis por esses fracassos, as organizações focam na melhoria da execução. Entretanto, a revista lembra que a má execução é apenas uma parte do problema. Parte da culpa é dos diagnósticos errados. Muitas vezes, acrescento eu, empresas e pessoas visam a mudanças equivocadas. A revista conclui: antes de pensar em como mudar, as equipes precisam descobrir o que deve ser mudado – e, particularmente, o que deve ser mudado primeiro.

Quem disse que a mudança em tempo de crise tem de ser difícil? Essa foi a pergunta que fez o especialista em mudança organizacional Jim Hemerling em uma famosa palestra do TED Talks. E, para achar uma resposta atraente à própria pergunta, ele pôs o foco nas pessoas. Para Hemerling, transformações bem-sucedidas exigem que se coloque as pessoas em primeiro lugar. Demonstrou que adaptar o seu negócio no mundo atual, que está em constante evolução, pode ser revigorante em vez de cansativo e fonte de sofrimento.

Segundo Hemerling, uma das razões de a mudança estar sempre associada a demissões é que geralmente os líderes esperam para agir em momentos de crise, com foco no curto prazo. No entanto, não precisaria ser necessariamente assim. O consultor sugere cinco pontos fundamentais aos líderes da mudança:

1. Inspirar pelo propósito: "Falar sobre inovação diz muito menos do que demonstrar o que a inovação pode produzir na vida das pessoas ou da sociedade", explica o consultor.
2. Apostar todas as fichas: muitas mudanças são apenas demissões em massa disfarçadas e, assim, perdem credibilidade. "Você pode se dispor a perder peso para fazer uma maratona, mas isso não vai levar você a cruzar a reta de chegada. Para vencer, você precisa apostar todas as fichas, com iniciativas que ajudem a empresa a continuar ganhando no médio prazo, que promovam o crescimento e que realmente mudem como a organização funciona."
3. Capacitar as pessoas para obter sucesso durante a mudança (e depois): é preciso garantir que as pessoas estejam preparadas para enfrentar a mudança, o que deve ser planejado em paralelo, para que elas se sintam parte do processo.
4. Criar uma cultura de constante aprendizado: uma empresa fechada em silos não é um ambiente favorável ao aprendizado.

5. Ser diretivo e inclusivo: abertura ao debate é fundamental para qualquer líder.

Conhecido pelos métodos de gestão que incluem disciplina rigorosa nos orçamentos, o famoso consultor brasileiro Vicente Falconi também alerta para o papel das pessoas: "70% do sucesso de uma empresa é gente", explica ele no livro intitulado *Vicente Falconi – o que importa é o resultado*, escrito pela jornalista Cristiane Correa. Pessoas são fundamentais para pavimentar um caminho auspicioso rumo ao futuro de uma organização.

Futuro. Eis a palavra-chave em um mundo movido por incertezas. Um mundo em que buscamos a essência do que concebemos no presente em prol do futuro. Como mostram as diferenças entre TerraUm e TerraDois, o líder moderno busca o lucro no mundo, enquanto o pós-moderno associa o lucro com a construção do futuro. Para o brasileiro, em especial, o futuro tem uma força ainda maior. Afinal, o Brasil é o eterno país do futuro – expressão cristalizada pela obra incrivelmente citada e pouco lida, *Brasil, um país do futuro*, escrita por Stefan Zweig e publicada em 1941.

Esse livro deu ao Brasil um sobrenome. Além das belezas naturais surpreendentes, o escritor austríaco encantou-se com a forma de vida suave e serena do país, um modo peculiar de o brasileiro encarar as próprias dificuldades, diferente da avidez e da ganância que ele identificava na Europa.

Espero que, ao chegar até aqui, você tenha percebido por que também me encantei com o Brasil e fiz desse país a minha terra. O futuro, para mim, não é um elemento temporal, e sim o objeto. Se não entendermos o futuro, não seremos capazes de conviver com a diversidade que nos aguarda. Essa lição serve tanto para o turismo como para quase todas as esferas da vida.

Vejo bastante diferença entre o mundo vertical, disciplinado e organizado do planejamento estratégico e o mundo participativo e criativo do *design thinking*. Nos tempos modernos que Stefan Sweig observava, o líder de então projetava o futuro. Hoje, o líder (pós-moderno) o inventa. O futuro era então a projeção do presente. Hoje, o presente é a invenção do futuro.

Este é o momento de nos inspirar. Inventemos, portanto, o futuro juntos.

BIBLIOGRAFIA CONSULTADA E REFERÊNCIAS

Abdallah, A. Vicky Bloch: para onde estamos indo, mesmo? *Revista Época Negócios*, 10/12/2012. Disponível em: <http://epocanegocios.globo.com/Informacao/Visao/noticia/2012/12/vicky-bloch.html>. Acesso em: 06 dez. 2017.

Against happiness. *The Economist*, 24/09/2016. Disponível em: <https://www.economist.com/news/business-and-finance/21707502-companies-try-turn-happiness-management-tool-are-overstepping-mark>. Acesso em 31 jan. 2018.

Alves, C. *Os escravos*. Porto Alegre: L&PM, 1997.

Araújo, C. As lições da carreira de Amyr Klink aos jovens. *Revista Exame*, 06/04/2015. Disponível em: <https://exame.abril.com.br/carreira/as-licoes-de-carreira-de-amyr-klink-aos-jovens/>. Acesso em: 06 dez. 2017.

Barros Filho, C.; Karnal, L. *Felicidade ou morte*. 1.ed. Col. Papirus Debates. Campinas: Papirus 7 Mares, 2016.

Brasil. Ministério do Meio Ambiente. *Quem é o consumidor consciente?* Brasília, DF: MMA. Disponível em: <http://www.mma.gov.br/responsabilidade-socioambiental/producao-e-consumo-sustentavel/consumo-consciente-de-embalagem/quem-e-o-consumidor-consciente>. Acesso em 07 dez. 2017.

Brembatti, K. Empresas reduzem uso de papel. *Gazeta do Povo On Line*, Vida e Cidadania, 24/07/2012. Disponível em: <http://www.gazetadopovo.com.br/vida-e-cidadania/

empresas-reduzem-uso-de-papel-2ja451sftxqmb9nt-m8suo18we>. Acesso em: 07 dez. 2017.

Burgess, C. The rise of social business – Broader than Facebook, Twitter, LinkedIn, Google+ Combined. *Blog Good+Tech*. Disponível em: <https://goodplustech.com/2012/02/22/the-rise-of-social-business-cheryl-burgess/>. Acesso em: 07 dez. 2017.

Correa, C. *Vicente Falconi – o que importa é o resultado*. Rio de Janeiro: Sextante, 2017.

Cortella, M.S. *Por que fazemos o que fazemos?* 1.ed. São Paulo: Planeta do Brasil, 2016.

Cuddy, A. *O poder da presença*. Rio de Janeiro: Sextante, 2016.

de Masi, D. *O ócio criativo*. 1.ed. Rio de Janeiro: Sextante, 2000.

Donne, J. Meditações VII. In: *Devotions upon emergent occasions*. s.l., s.e., 1623.

Duckworth, A. *Garra – o poder da paixão e da perseverança*. Rio de Janeiro: Intrínseca, 2016.

Erickson, T. Meaning is the new money. *Harvard Business Review*, 23/03/2011. Disponível em: <https://hbr.org/2011/03/challenging-our-deeply-held-as>. Acesso em 07 dez. 2017.

Faltin, G. *Brain versus capital*. (título original: *Kopf schlägt Kapital*.) Berlin: Stiftung Entrepreneurship, 2013.

Ferrari, M. Você tem as características de um verdadeiro empreendedor? *Época Negócios*, 18/12/2014. Disponível em: <http://epocanegocios.globo.com/Inspiracao/Carreira/

noticia/2014/12/voce-tem-caracteristicas-de-um-verdadeiro-empreendedor.html>. Acesso em: 07 dez. 2017.

Francisco (PAPA). *Quem sou eu para julgar?* Trad. Clara Colotto. 1.ed. São Paulo: Leya, 2017.

Fucs, J.; Coronato, M. Muhammad Yunus: dar dinheiro para os pobres mascara a miséria. *Revista Época*, 09/06/2013. Disponível em: http://revistaepoca.globo.com/tempo/noticia/2013/06/muhammad-yunus-dar-dinheiro-para-os--pobres-mascara-miseria.html. Acesso em: 06 dez. 2017.

Giannetti, E. *Vícios privados, benefícios públicos?* 6.ed. São Paulo: Companhia das Letras, 1993.

Gilbert, D. *Tropeçar na felicidade*. (título original: *Stumbling on happiness*.) Alfragide (Portugal): Estrela Polar/Leya, 2007.

Guimarães Rosa, J. [1956] *Grande sertão:* veredas. 2.ed. Rio de Janeiro: Globo, 2016.

Horácio. [1847] Livro I. In: *Odes*. Trad. Bento Prado de Almeida Ferraz. São Paulo: Martins Fontes, 2003.

Lessing, G. *Nathan der Weise* (trad. livre: *Nathan, o Sábio*) [peça teatral], 1783.

Hemerling, J. Palestra "Cinco maneiras de liderar em uma era de mudança constante". In: TED@BCG Paris. Disponível em: <https://www.ted.com/talks/jim_hemerling_5_ways_to_lead_in_an_era_of_constant_change?language=pt-br>. Acesso em: 31 jan. 2018.

Hiller, M. "Culpa da crise": a justificativa de alguns incompetentes. *Administradores.com*, Artigos, 24/09/2015. Disponível em: <https://www.administradores.com.br/artigos/negocios/culpa-da-crise-a-justificativa-de-alguns-incompetentes/90561/>. Acesso em: 07 dez. 2017.

Hoffman, R.; Casnocha, B. *The start-up of you*. 1.ed. Nova York: Crown Business, 2012.

Jacobsen, L.K.; Faltin, G. *Erfolgsfaktoren bei der Unternehmensgründung:* Entrepreneurship in Theorie und Praxis. Auflage: Deutscher Universitätsverlag, 2006.

Klink, A. *Cem dias entre o céu e o mar*. 32.ed. São Paulo: Companhia das Letras, 1995.

Krznaric, R. *Como encontrar o trabalho da sua vida*. Trad. Daniel Estill. 1.ed. São Paulo: Objetiva, 2012.

Mandeville, B. [1714]. *The fable of the bees:* or, private vices, public benefits. Oxford: Clarendon Press, 1714.

Mandeville, B. *The fable of the bees:* or private vices, public benefits. 2v. With a commentary critical, historical, and explanatory by F.B. Kaye. Indianapolis: Liberty Fund, 1988. Disponível em: <http://oll.libertyfund.org/titles/1863>. Acesso em: 07 dez. 2017.

Morgan, G. *Imagens da organização*. 1.ed. São Paulo: Atlas, 1996.

Nogueira, P.E. Cautela é a maior arma do empreendedor de sucesso. *Época Negócios*, 21/02/2015. Disponível em: <http://

epocanegocios.globo.com/Inteligencia/noticia/2015/02/cautela-e-maior-arma-do-empreendedor-de-sucesso.html>. Acesso em: 07 dez. 2017.

Olsen, R. *Richard Olsen's Blog*. Disponível em: <https://www.richardolsen.me/b/>. Acesso em: 07 dez. 2017.

Pimenta, M. Empatia nos negócios: capacidade de ver o mundo pelos olhos do cliente. *Estadão PME*, Blog do Empreendedor, 20/06/2016. Disponível em: <http://blogs.pme.estadao.com.br/blog-do-empreendedor/empatia-nos-negocios-capacidade-de-ver-o-mundo-pelos-olhos-do-cliente/>. Acesso em: 07 dez. 2017.

Pink, D. *Drive:* the surprising truth about what motivate us. Nova York: Riverhead Books, 2009.

Russel, B. [1932]. *O elogio ao ócio*. Rio de Janeiro: Sextante/GMT, 2002.

Schroeder, A. *The snowball:* Warren Buffett and the business of life. 1.ed. Londres: Bloomsbury UK, 2009.

Schumacher, E.F. *Good work*. 1.ed. Nova York: HarperCollins, 1979.

Schwartz, B. *O paradoxo da escolha:* por que mais é menos. 1.ed. São Paulo: Girafa, 2007.

Semler, R. *Virando a própria mesa:* uma história de sucesso empresarial made in Brazil. 1.ed. Rio de Janeiro: Rocco, 2002.

Sennett, R. *A corrosão do caráter* – consequências pessoais do trabalho no novo capitalismo. Rio de Janeiro: Record, 2005.

Sinek, S. *Por quê?* Como grandes líderes inspiram ação. 1.ed. São Paulo: Saraiva, 2012.

Snow, R. *Ford:* o homem que transformou o consumo e inventou a Era Moderna. 1.ed. São Paulo: Saraiva, 2014.

Souza, A.C.; Chaves, A.; Ogliara, M. *(Re)Start me up:* dê uma nova chance para sua carreira. São Paulo: Évora, 2017.

Sutton, R. *Bom chefe, mau chefe.* 1.ed. Porto Alegre: Bookman, 2011.

Teixeira, A. *Felicidade S.A.* Porto Alegre: Arquipélago, 2014.

Thoreau, H. D. [1854] *Walden ou a vida nos bosques*. Trad. Alexandre Barbosa de Souza. São Paulo: Edipro, 2018.

Tufano, D. *A carta de Pero Vaz de Caminha*. São Paulo: Moderna, 1999.

Ulrich, D.; Ulrich, W. *Por que trabalhamos*. Trad. Ronaldo Cataldo Costa. 1.ed. Porto Alegre: Bookman, 2010.

Varella, D. *Por um fio*. 1.ed. São Paulo: Companhia das Letras, 2004.

Zweig S. *Brasil, um país do futuro*. 1.ed. Porto Alegre: L&PM, 1941.